Mi letra *no* es en inglés

Manuel Murrieta Saldívar

Serie **Reflexión** 7

Universo de Palabras
ESTADOS UNIDOS * MÉXICO
414 W. Flower St.
Phoenix, Arizona 85013. U.S.A.
Tel. (602) 264-5011. Fax (602) 604-8179
editor@orbispress.com
www.orbispress.com

MI LETRA NO ES EN INGLÉS
MANUEL MURRIETA SALDÍVAR

Serie **Reflexión** # 7

Segunda Edición/*Second Edition*, 2003

International Standard Book Number/
Número Internacional Normalizado para Libros:
ISBN: 1-931139-18-0

© ® 2003 Manuel Murrieta Saldívar
© ® 2003 *Editorial Orbis Press*

Oficinas y correspondencia:
414 W. Flower St. Phoenix, Arizona 85013. U.S.A.

WWW.ORBISPRESS.COM

Las opiniones expresadas y el estilo literario son responsabilidad exclusiva del autor. *Editorial Orbis Press* aboga por la libre expresión y la creatividad respetando la ideología y usos lingüísticos personales y regionales. *Editorial Orbis Press* no necesariamente comparte la interpretación, real o ficticia, que de los hechos haga el autor.
Derechos Reservados. Se prohibe la reproducción total o parcial, excepto para citas en reseñas, análisis literarios, de esta obra bajo ninguna forma o ningún medio electrónico, mecánico, de fotocopiado, grabación, impreso o cualquier otro, sin permiso escrito del autor y de *Editorial Orbis Press*.

The opinions and literary style expressed herein are the exclusive responsibility of the author. Editorial Orbis Press *advocates freedom of expression and creativity while respecting ideology and the exercise of personal and regional linguistics.* Editorial Orbis Press *does not necessarily share the interpretations of the author, whether real or fictional. Therefore,* Editorial Orbis Press *does not assume legal responsibility therefrom.*
All rigths are reserved. No part of this publication may be reproduced, stored in retrieval systems, or transmitted in any form or by any means, electronic, mechanical, photocopying, recording or otherwise, without prior written permission by the author and Editorial Orbis Press.

Portada: Diseño y concepto: departamento creativo de *Editorial Orbis Press*. Imagen: Página principal del primer número del periódico *El Tucsonense*, 17 de marzo de 1915, Tucsón, Arizona. Todas las imágenes en interiores provienen también de esta publicación.

Portada de la primera edición

ADVERTENCIA A LA SEGUNDA EDICIÓN

La primera edición de *Mi letra no es en inglés* fue posible gracias a que resultó triunfador en el Concurso del Libro Sonorense en su versión 1990. Tanto los círculos académicos, la crítica especializada así como la periodística destacaron las virtudes de rescate y aportación cultural de esta obra—ver contraportada. Su frescura, pericia literaria, rigor investigativo e incluso hasta las dedicatorias originales se mantienen íntegros en esta segunda edición. Se conserva también la intención de dar a conocer ejemplos de la historia de la lengua y literatura escrita en español en suelo norteamericano y sus enlaces iberoamericanos.

Como grata novedad, y bajo el cuidado y supervisión directa del autor, se manejan ahora imágenes inéditas que resaltan el impacto histórico de una resistencia hispana desarrollada desde Arizona, Estados Unidos. Aparecen así páginas del periódico *El Tucsonense* y personajes que desde 1915 lucharon, con el arma de las letras y la tradición mexicana e hispanoamericana, contra el embate de la poderosa cultura anglosajona.

Con estos antecedentes, esta segunda edición se prepara para las nuevas generaciones de hispanolectores, sobre todo los del suroeste norteamericano y la zona de frontera. Si la primera edición se agotó al transcurrir el final del siglo XX, esperemos que esta segunda logre trascender el inicio del nuevo milenio ante la ebullente población hispanoparlante y el creciente interés anglosajón por nuestra historia, cultura y lengua que ya puso a Estados Unidos como el quinto país de habla hispana en el mundo.

*A Doña Lina, mi madre,
ambos felices por este primer fruto literario.*

*Para el maestro Volker Schüler Will (†)
motivación y asesoría a distancia.*

Especial agradecimiento a Christine Marin, archivista y curadora de la Chicano Research Collection de Arizona State University, en Tempe, por la producción de la primera y la segunda edición. Su conocimiento sobre historia fronteriza, su gentileza y acceso a los archivos hemerográficos y de microfilms nos permitieron descubrir protagonistas, imágenes y publicaciones claves que dan cuerpo a esta obra.

Especial mención a Gabriel Higuera, por su paciente dedicación y asistencia en la producción general de esta segunda edición.

PREFACIO

*E*ntre las estrategias para preservar la identidad cultural, la literaria, más cuando es vehiculada por el medio periodístico cotidiano, es de especial efectividad. No es necesario invocar complejas teorías de la recepción para comprender que en el caso de los periódicos de habla hispana producidos por mexicanos en los EE.UU. se da un máximo público viviendo la paradoja de verse "exiliado" en lo que fática e históricamente siente como país propio. Y la memoria y el racismo inherente a la situación del mexicano más allá de la frontera, esa herida del más acá que no quiere cicatrizar, crean un núcleo duro de resistencia por medio del imprescindible cultivo de la lengua materna y la celebración de los grandes temas que realzan la especificidad del colectivo étnico.

Memoria, conciencia y visión de la mexicanidad (y latinidad) convergen en este fenómeno que Manuel Murrieta ha sabido poner en articulado relieve aquí con la compilación y análisis de cincuenta años de actividades literarias predominante mexicanas de *El Tucsonense*, periódico publicado en Arizona. Además de ser un formidable rescate cultural, otro paso paradigmático para futuras investigaciones socio-históricas de orden lingüístico y estético, tiene particular mérito por poner en evidencia el importantísimo papel del periodismo de aquel periodo en el que una minoría lucha por preservar sus más íntimos valores. Es incoherente que en la lectura de estos textos (aquí presentados) se caiga en el fatuo rechazo invocando cánones de excelencia literaria para celebrar la cacareada superioridad crítica. Lo que interesa aquí es el proceso histórico de las armas y glorias mexicanas "in litteris" de la raza que lucha como una isla contra un mar incomprensivo que lo rodea. Manuel Murrieta logra, sin caer en pedanterías, levantarnos los párpados para que echemos una mirada nueva sobre este complejo fenómeno de la resistencia cultural mexicana en tierras ni tan ajenas. Nos hace comprender (para parafrasear a Kant con aditivo ético) que es imperativo saber de dónde uno es para saber quién es uno y, por lo tanto, para dónde uno va. ¿Es necesario recordar que todavía no se ha escrito el último capítulo del mexicano en Estados Unidos?

Volker Shüler Will (†)
Universidad de Sonora

ÍNDICE

INTRODUCCIÓN..VIII

CAPÍTULO   *PAGINA*

I. QUE CLARO SE ENTIENDE!, OSTENTA POEMAS DE GRAN CULTURA......1

II. SONORA, PATRIA MÍA, VENDRÉ PRESUROSO A DEFENDERTE.................7

III.¡NO ME RINDO!, SOY MEXICANO DE SANGRE................................21

IV. LATINOAMERICANO, HOMBRE DE DOS ANTIGUAS ALTEZAS...............27

V. NINGÚN DELITO ES, LUCHAR POR LA JUSTICIA Y LA RAZÓN.................31

VI.¡PUEBLECITO CERCANO DE MI NOGALES HERMANO!......................39

VII. ¡MENTIRA QUE LOS PUEBLOS QUIERAN GUERRA!..........................45

VIII.EL CAMPANARIO Y LA FLOR CAYERON ANTE EL CONQUISTADOR....53

IX. LOS DÍAS MÁS GRANDIOSOS DE LA HISTORIA................................57

X. VIRGEN, NOSTALGIA POR EL PENDÓN TRICOLOR............................69

XI. JUGAR CON NUESTRO IDIOMA EXCELENTE..................................79

XII. NERVO Y DARÍO RESISTEN EN TUCSON...89

NOTAS..93

APÉNDICES Y BIBLIOGRAFÍA..95

APÉNDICE I. POEMAS REPRESENTATIVOS..96

APÉNDICE II. POETAS CONSAGRADOS..109

BIBLIOGRAFÍA Y OBRAS CONSULTADAS..111

INTRODUCCIÓN

La poesía como vehículo de *Resistencia cultural* es la hipótesis central que se plantea al revisar la literatura en español publicada en el periódico *El Tucsonense* durante el tiempo de su edición, marzo de 1915-septiembre de 1957, en Tucsón, Arizona. Además, el análisis propone que casos como los poemas "tucsonenses" evidencian que las letras chicanas se originan y se han nutrido de la tradición literaria iberoamericana y mexicana, en la que la de Sonora, México, en este caso específico, participa en forma destacada.

El análisis se basa en la concepción de que el méxicoamericano es un pueblo "ocupado" o "colonizado" y que en distintos períodos históricos y regiones ha ejercido la resistencia contra el dominio económico, político, social y cultural anglosajón desde el instante de la penetración en 1848.

Bajo esta perspectiva, se plantea que la comunidad mexicana de Tucsón desarrolla también formas de resistencia, entre ellas la cultural, entendida como los mecanismos tendientes a evitar imposiciones y preservar valores, creencias, costumbres y comportamientos.

La literatura y poemas de *El Tucsonense* son un ejemplo entonces de que, de cincuenta a cien años después de la ocupación anglosajona del poblado, se manifestaron aún "mecanismos" preservadores y retroalimentadores de la cultura hispana en general y mexicana en particular. Y este fenómeno surge en un momento en que los mexicanos habían perdido ya el control económico, político y social del pueblo por ellos fundado y en una coyuntura de exilio revolucionario, presiones económicas, segregación, guerras mundiales y pugnas ideológicas.

CAPÍTULO I

¡QUE CLARO SE ENTIENDE!, OSTENTA POEMAS DE GRAN CULTURA

Aunque el concepto de *Resistencia* en literatura fue acuñado en Francia para designar a las expresiones surgidas contra el nazismo de la Segunda Guerra Mundial, su valor semántico ahora es más amplio y no se limita a este caso específico. En la actualidad su acepción no sólo implica manifestaciones literarias en defensa de una libertad atropellada, sino también abarca el contraataque de las fuerzas internas de liberación de un pueblo. En consecuencia, *Resistencia* en literatura no puede circunscribirse únicamente a una expresión literaria de cierto conglomerado en particular sino que tiende a aglutinar a las varias aspiraciones de libertad reflejadas en las letras de distintos pueblos que confrontan situaciones de opresión, violencia, censura, terror, represión y demás injusticias. Además del francés, otro caso evidente es la literatura en contra de la dictadura franquista en España en donde el término *Resistencia* compendia óptimamente las varias aspiraciones de libertad de por lo menos tres o más generaciones de poetas españoles tanto en su patria como en el exilio. Durante esta coyuntura, los literatos y otros artistas unas veces abierta, "otras escondida, sofocada otras y aún otras sólo desesperada y triste" se opusieron junto con el pueblo en armas a la dictadura de Francisco Franco.[1]

Entendido así en su sentido amplio, el concepto *Resistencia* en literatura incluiría desde las denuncias y testimonios orales y escritos producidos por los indígenas contra la crueldad de la conquista española; la literatura de la independencia y la posterior consolidación de las repúblicas; más recientemente las letras surgidas contra las dictaduras centro y sudamericanas como en los casos de Chile, Argentina, Nicaragua o El Salvador. En esta concepción de *Resistencia*, puede incluirse también la literatura creada por los mexicanos del suroeste de los Estados Unidos desde el momento de la penetración angloamericana en 1848, expresiones que persisten hasta el presente y que tuvieron su auge en la llamada literatura del "Movimiento".

Si en Francia y España hubo una resistencia a las entonces predominantes fuerzas fascistas; si se registró en Centro y Sudamérica contra dictadores y militares; y si también la hubo entre los indígenas y el pueblo decimonónico contra el imperio español en busca de independencia, en el caso de los mexicanos en Estados Unidos ha habido resistencias permanentes, en mayor o menor grado, contra el poder y el dominio norteamericano que persisten hasta la fecha. Así, mientras la resistencia en Europa y ciertas experiencias en América han sido de carácter coyuntural mientras se reestablece o recupera esa "libertad atropellada" y se vuelve a un "statu quo" más democrático y beneficioso para las mayorías, en el caso del pueblo méxicoamericano o chicano este resistir y resistir no se ha restringido a la simple lucha y denuncia buscando conquistas sociales o políticas, sino que ha luchado insistentemente por preservar, crear, recrear, una cultura propia, con basamentos méxico-hispanoamericanos, que de alguna manera contrarreste a la contraparte angloamericana dominante. Y esta reacción ha sido así porque el méxicoamericano es un pueblo colonizado que se ha resistido física, política, social y culturalmente tal y como lo muestra Rodolfo Acuña en su *América Ocupada*.[2] La resistencia chicana, pues, no se ha enfrentado a una coyuntura pasajera de carácter político-social, sino que se trata de una especie de resistencia permanente. Y no contra un efímero dictador, un pasajero orden social, un capricho militar, sino contra todo un sistema económico-ideológico que amplía su dominio a niveles imperiales. La resistencia méxicoamericana, así, es tan magnánima como el poder que confronta solamente al llevar más de un siglo y medio luchando incesante por preservarse como pueblo.

Si bélica y tempranamente el mexicano resiste el avance anglosajón—casos como los de Joaquín Murrieta en California y el de Juan Nepomuceno Cortina en Texas; si en lo político y social se ha organizado a través de sindicatos, fraternidades o sociedades—como la Unión de Campesinos de César Chávez o la "Alianza" de Reyes López Tijerina en Nuevo México—así también lo ha hecho en el terreno cultural en actos de resistencia concebidos como todos aquellos mecanismos con los cuales evita imposiciones y preserva sus valores, resistencia cultural que se explica más ampliamente cuando:

> en un momento dado, una civilización se halla saturada de los elementos que llegan de fuera, que la hacen oponerse a nuevas inficiones de rasgos sociales, religiosos o espirituales; entonces se advierte que está en peligro de muerte, que una especie de agonía comienza para ella, y reacciona luchando en un esfuerzo violento para restablecer sus antiguos valores.[3]

Y estos mecanismos tratarían de preservar, de conservar, en palabras de Carlos Marx, la

> dinámica de relaciones sociales que se establecen en una comunidad concreta, el complejo de creencias, costumbres, comportamientos, habilidades y tradiciones que hombres y mujeres despliegan para producir y reproducir su vida material y espiritual, dándole sentido y organización ideológica, discursiva, a su existencia.[4]

Entendido así, los méxicoamericanos han desarrollado estos mecanismos para preservar su cultura a través del teatro, el periodismo, artes visuales, la literatura o la poesía. Por ejemplo, tan sólo en el terreno de las publicaciones, se tienen registrados hacia 1990, y desde el momento de la ocupación en 1848, más de mil 500 periódicos y revistas chicanas[5] que son una muestra de resistencia por preservar el idioma español y la identidad hispana. Como otra muestra inicial temprana, menciono el caso del Padre Antonio José Martínez, quizá la personalidad intelectual más influyente de la segunda mitad del siglo XIX en el Suroeste de Estados Unidos, quien "era tan minucioso en sus escritos que se pueden ver en ellos plasmados todos los cambios lingüísticos que la Real Academia Española fijaba periódicamente".[6]

Los continuadores de esta tradición serían entonces los más de 380 periódicos chicanos editados desde 1848 a 1958 en toda el área[7] entre los cuales se encuentra el bisemanario *El Tucsonense*, publicado en lengua española en Tucsón, Arizona, de 1915 a 1957, en cuyas páginas, como se verá en este trabajo, se registran claros esfuerzos de preservar la cultura sonorense, mexicana e hispanoamericana mediante el manejo informativo y la inclusión de trabajos literarios, destacando el género de poesía. En este poblado de origen sonorense, que pasó al dominio anglosajón mediante la venta de la Mesilla o Gadsden en 1853, se presenta también la resistencia en sus niveles político, social y cultural que encuentra su reflejo en la literatura. El siguiente poema acróstico sintetiza y rinde homenaje al esfuerzo cultural desarrollado por *El Tucsonense*, en una comunidad mexicana dominada ya por los anglosajones:

MI LETRA NO ES EN INGLÉS

POR MANUEL F. GUERRA
DEDICADO A EL TUCSONENSE --CARIÑOSAMENTE--

723 S. Fremont Ave. Tucson, Ariz.
Octubre de 1941

El estudio es cosa grata
Esto lo sabemos todos,
Es por lo que recomiendo:
¡Estudien de todos modos!

Lo único que yo lamento
Lo ignorante de un porciento,
Leer les cae muy peseta,
Lo digo con sentimiento!

Todos debemos leer,
Todos debemos pensar,
Teniendo en cuenta que existe
También un Bisemanal.

Una vez hace 15 años
Un día me puse a pensar,
Un hombre que no se inspira
Un día le va a pesar.

Como escaso de talento
Codicio mucho saber;
Casi puedo yo entender
Cuál es un buen elemento

Se lo recomiendo mucho
Sólo por lo claro que es,
Si Usted entiende mis letras
Sabrá que no es en inglés.

Oh que claro se entiende!
Ostenta literatura
Ostenta hermosos poemas
Objeto de gran cultura

Nosotros que lo leemos
nada podemos desear,
nuevas desde el Viejo mundo
nuevas de aquende el mar.

Es elemento valioso
esto lo digo, por que:
existe tantos años ha
en un pueblo tan hermoso.

Naturalmente que hay
no sabiendo que es un crimen
nutrida murmuración,
nacido del corazón.

Sólo un favor les pido
si acaso yo lo merezco,
sepan perdonar las faltas
salidas de mi cerebro

Estos versos son escritos
especiales para El
esperando así, que acepte
el cariño de Manuel [8]

En 1934 El Tucsonense contaba ya con edificio propio, ubicado en el 255 Sur de la calle Stone, y se anunciaba como "El periódico de mayor circulación en Arizona" a la vez que "suplicaba" al público el envío de noticias de "interés general".

CAPÍTULO II

SONORA, PATRIA MÍA, VENDRÉ PRESUROSO A DEFENDERTE

La resistencia violenta que no se registró en Tucsón a la llegada de los norteamericanos antes o después del tratado de la Mesilla⁹, se presentó en el Estado de Sonora con el combate al filibusterismo en el que pueblo y gobierno derrotan y desalojan a los invasores—Henry A. Crabb, Gaston de Rousset Boulbon, William Walker—que servían, velada o abiertamente, a los intereses expansionistas anglosajones y franceses. Estas luchas heróicas, junto con las del sur del país destacando la de Ignacio Zaragoza, incrementan y consolidan sentimientos patrióticos que determinarán el ser y la identidad mexicana a lo largo del siglo XIX.¹⁰ En Sonora, escenario de estos enfrentamientos concretamente en Guaymas, Caborca y Hermosillo, el impacto fue decisivo para el reforzamiento de los sentimientos nacionalistas y regionalistas como lo consignan analistas e historiadores. Juan Antonio Ruibal Corella, señala que las victorias sonorenses fueron "extraordinariamente profilácticas" para acabar con el filibusterismo. En este proceso Sonora contribuye vigorosamente a conformar el primer intento fuerte por "integrar nuestra incipiente nacionalidad, que nunca antes se había ni siquiera esbozado desde la independencia". Ruibal Corella agrega que los triunfos de 1854 y 1857 en Guaymas y Caborca, generaron un levantamiento de la "maltrecha" dignidad nacional y, citando a un tratadista norteamericano, remata diciendo que una serie de "motivos de irritación en las relaciones mexicano-norteamericanas dieron pié a la aparición de sentimientos nacionalistas entre determinados grupos de mexicanos"; en tanto, las derrotas contra los filibusteros "vinieron a despertar la conciencia nacional de los estados septentrionales y a reavivar el temor general de una anexión territorial".¹¹

Por su parte, más concentrado en el impacto cultural y psicológico del fenómeno, el analista Francisco Luna plantea que las victorias contra el filibusterismo determinaron

> un conecte cultural en pos de la integración nacional que la literatura romántica se encargaría de consolidar en los motivos del amor, la patria, el himno y el soldado que cada uno, como buen hijo, lleva dentro de sí.¹²

La cita anterior describe parte del contenido y esfuerzo cultural de la poesía publicada por *El Tucsonense*. Este impacto también lo sufre la comunidad mexicana de Tucsón dada su conección y origen sonorense. Aunque respetan pacíficamente el tratado de la Mesilla o Gadsden de 1853, van a resistirse no violentamente pero si social, política y culturalmente influenciados por el renovado espíritu patriótico-nacionalista. Es importante destacar esta reacción porque, a pesar del traspaso de tierras y caer bajo el dominio político y económico de los Estados Unidos, los tucsonenses siguen sintiéndose parte activa del estado mexicano y de toda la hispanidad. Hacia el sur siguen conservando lazos familiares, económicos, sociales que habrán de continuar con gran intensidad en los inicios y mediados del siglo XX.

Esta corriente regionalista patriótica surgida de las victorias contra los filibusteros fue reproducida en parte por sonorenses que emigraron al poblado y por tucsonenses nativos fieles a sus tradiciones originales. El espíritu e identidad cultural fue difundido a través de periódicos antecedentes directos, en ideología y proyecto cultural, de *El Tucsonense*. El ejemplo más destacado es Carlos I. Velasco, fundador de *El Fronterizo* en 1873, personaje que nacido en Hermosillo, Sonora, había participado directamente en las luchas antifilibusteras y fue miembro de la cúpula gubernamental sonorense. Ya en Tucsón, donde nunca adquirió la ciudadanía norteamericana, fue el principal promotor en la fundación de logias y fraternidades—como la Alianza Hispanoamericana—que permanecieron hasta muy entrado el siglo XX y que juegan un papel importante en la preservación de identidad.[13]

Con estos antecedentes periodísticos e ideológicos *El Tucsonense* continúa los sentimientos patrióticos y regionalistas hispanoamericanos, resintiendo cada vez más, paulatina pero irremediablemente, el avance del capitalismo norteamericano y su cultura que se apropia en definitiva del poblado. Esta mística editorial en torno a la conservación, preservación y defensa de las tradiciones sonorenses, mexicanas y latinoamericanas aparece desde el momento mismo de la fundación del periódico el 17 de marzo de 1915. Va a ser infranqueablemente sostenida por su creador, Francisco S. Moreno, nacido también en Hermosillo en 1877, emigrado a Tucsón a la edad de doce años, y por sus descendientes después de su fallecimiento en 1929. Esta misma mística editorial la continuarán hasta la desaparición de la publicación en 1957.[14]

En la edición del jueves 9 de mayo de 1929 se informa el fallecimiento de Francisco S. Moreno—ocurrido el lunes anterior—quien emigró de su natal Hermosillo a Tucsón. En 1915 fundó El Tucsonense que circuló hasta 1957, hasta la fecha el periódico en español de mayor duración en Arizona.

Es así que el sentimiento hacia el terruño emergido gracias al filibusterismo va a expresarse incesantemente a través de la cobertura noticiosa, de artículos editoriales, ensayos y escritos literarios con temática sonorense producidos tanto por autores locales como del sur de la frontera con quien mantienen contacto. La poesía es uno de los géneros al que la publicación va acudir recurrentemente en versos expresivos, nostálgicos, a veces de dolor y goce pero claramente explícitos en reavivar y mantener presente el regionalismo. Uno de los poemas que combina ejemplarmente estos motivos es el de la romántica y patriótica inspiración del general José Guillermo Carbó, que se reprodujo el 23 de septiembre de 1922. Llanto y nostalgia por un Sonora que se aleja, del que los tucsonenses han sido arrancados, sensación de la pérdida pero a la vez negándose a abandonarlo definitivamente, un no querer dejarse atrapar por la creciente cultura anglosajona, versos que simbolizan e introducen gran parte de la emotiva resistencia en favo de lo sonorense:

A SONORA

Sonó la hora fatal de la partida;
Adiós, Sonora, adiós; de tí me alejo;
Pero al darte mi tierna despedida
Parte de mi alma con mi adiós te dejo.
Si por desgracia mi destino airado
Hace que para siempre yo te pierda,
El amor que te tuvo este soldado,
Alguna vez benéfica recuerda.
El cielo me es testigo que por verte
Tan venturoso como yo deseara,
El suplicio terrible de la muerte
Sin ningunos temores arrostrara
Si al bendito lugar donde he nacido
Le profeso cariño sobrehumano
Amo al pueblo, también, donde he venido
A recibir el título de hermano.

Eres mi nueva patria: si algún día
Te hallares en peligro de perderte,
Yo te juro, Sonora, ¡patria mía!
Que vendré presuroso a defenderte.
Si—Cual lo hizo Raousset—llegan tus lares,
Otra vez a insultar gentes extrañas,
Que muertos al umbral de tus hogares
Como entonces los miren tus montañas.
El período de paz y de confianza
Que has empezado a disfrutar ahora.
Es el signo feliz de la esperanza
Que en tu cielo divísase Sonora.
Adiós, vive feliz, y que no torne
La discordia civil nunca en tu daño
Que tus sienes la oliva siempre adorne.

A bordo del "Zaragoza" Septiembre 8 de 1879.

GENERAL J.G. CARBÓ.

En consecuencia, es evidente que cubran permanentemente una serie de hechos y acontecimientos que suceden al sur. Existe un corredor comunicativo con Altar, la zona fronteriza de Nogales y la propia capital, Hermosillo, y otras poblaciones importantes como Cananea, Agua Prieta y Ciudad Obregón como lo prueba esta nota que señala que "*El Tucsonense* tiene buena aceptación en Sonora" del 20 de enero de 1931.

El contacto es abundante durante los primeros años de la publicación que coinciden con el período de la revolución mexicana. Cubren paso a paso la secuencia de los acontecimientos haciendo esfuerzos por no tomar partido con cualquiera de los bandos, sino que se inclina en favor de un cese bélico en beneficio general. Destaca, dada la cercanía y apego, una cobertura noticiosa que difunde ampliamente las campañas de los principales caudillos sonorenses. A grandes titulares maneja, por ejemplo, la visita de los protagonistas a su paso forzoso por Tucsón rumbo a Sonora aprovechando la ruta del ferrocarril americano del suroeste—"Obregón llega hoy a Tucson"(9 de oct. 1920).

Impactados por el movimiento armado, no es extraño que, además de la mera cobertura noticiosa, aprovechen la coyuntura para implementar una línea de resistencia mediante la reproducción de poesía que refleje el sentir del momento. La revolución es un buen pretexto para incrementar el patriotismo mexicano y sonorense. Así, no sólo importa el avance triunfal de Alvaro Obregón, sino que también interesa su producción poética y difunden incluso sus extrañas tendencias romántico-modernistas a dos años de su asesinato:

OBREGÓN TAMBIÉN ERA TOCADO POR LAS MUSAS

En nuestra edición pasada, en el artículo de "La recepción a Obregón en la Otra vida", viene el fragmento de unos versos que en un álbum del "Real Club España", escribió el mismo General, allá en la ciudad de México. Ahora, insertamos toda la composición, tal como la escribiera el ahora ya eterno ausente de la vida, que en esos versos habló si no muy poética, si ingenuamente:

FUEGOS FATUOS

Cuando el alma del cuerpo se
(desprende
y en el espacio asciende,
las bóvedas celestes escalando,
las almas de otros mundos interroga
y con ellas dialoga,
para volver al cuerpo sollozando:

*sí, sollozando al ver de la materia
la asquerosa miseria,
con que la humanidad en su que-*
                    (branto
*arrastra tanta vanidad sin fruto,
olvidando el tributo
que tiene que rendir al camposanto.*
         X   X   X
Allí donde el "monarca y el men-
                    (digo"
*uno de otro es amigo;
donde se acaban vanidad y encono
allí donde se junta al opulento
el haraposo hambriento
para dar a la tierra el mismo abono.*
         X   X   X
Allí todo es igual; ya en el Calva-
                    (rio;
*y aunque distintos sus linajes sean
de hombres, mujeres, viejos y criatu-*
                    (ras
*en las noches obscuras
los fuegos fatuos juntos se pasean.*

*7 DE AGOSTO DE 1928
ALVARO OBREGÓN*

El interés de los editores por reproducir y alimentar el sentimiento regionalista en territorio extranjero, no se circunscribe únicamente a la coyuntura espectacular del movimiento armado. Prácticamente durante toda la existencia del periódico continuarán fieles al pasado y presente del terruño original. De esta manera, cubren sus más importantes acontecimientos sociales, políticos, económicos y culturales. Mientras en las primeras planas se habla de la vida cotidiana de Sonora, las páginas interiores incluyen temas culturales dando la impresión de que aún viven físicamente en él. La fidelidad al origen y por contraste su resistencia y negativa por no ser absorbidos total o parcialmente por el mundo anglosajón, es dignificante, admirable y heróica.

En esta verdadera lucha de preservación, editan, por ejemplo, a partir de la edición del 10 de junio de 1952, la *Historia de Sonora* del popular Eduardo W. Villa, esfuerzo editorial sin precedentes al reproducirla íntegramente en varias entregas. En un afán quizá de refrescar en la memoria la génesis sonorense, publican artículos como "La etimología de la palabra Sonora", el 1 de febrero de 1923, verdadera cátedra de amor lingüístico. Para alimentar el patriotismo y comenzar a construir la figura mítica y heroica de la resistencia, tan tempranamente como el 27 de febrero de 1926, en la página dos, imprimen la biografía del legendario Joaquin Murrieta. Hermosillo es siempre foco de atención noticiosa y cultural al grado de que le rinden verdaderos homenajes y reconocimiento a sus logros, atractivos, su gente o sus mujeres. El 4 de septiembre de 1924 se publica el artículo "El primer centenario de la erección en ciudad de Hermosillo"; cuatro años después, primero de diciembre de 1928, se le describe en una crónica como la capital del "silencio y fortaleza".

Estas notas y artículos, prueba de la vitalidad e insistencia por mantener los lazos vigentes, encuentran su contraparte más profunda para la preservación cultural en la publicación de poesía de y sobre Sonora. El siguiente poema, de uno de los poetas tucsonenses más prolíficos, cumple este doble papel: el meramente informativo y el emotivo para reforzar los vínculos y la identidad. Es muestra tardía, y por ello valiosa en cuanto que demuestra el interés permanente hacia el sur, de la relación y simpatía hacia los sonorenses. Aquí se reseña y se expresa el regocijo por la creación de la Universidad de Sonora, que él llama

Manuel Murrieta Saldívar

LA UNIVERSIDAD DE HERMOSILLO
Para El Tucsonense

Un templo, de moderno brillo,
que será cumbre de altura,
se levantará en Hermosillo.

Un centro de ciencia y de razón,
de inteligencia y cultura,
que dará excelso galardón.

Humano cultivo superior,
sin escória y con albura,
un semillero de lo mejor.

Escalinata de grandeza,
que el arte y ciencia depura,
en cada estudiosa cabeza.

La vida es conocimiento,
que va a la esencia pura,
para alejar el sufrimiento

El que más sabe, es superior,
la ignorancia, es locura,
tropiezo, ceguera y dolor

Un graduado puede iluminar,
la trayectoria más obscura,
y convertirla en luminar.

Templos, con aulas por ermitas,
hombres, de docta armadura,
dan sus enseñanzas benditas.

Los antros que forjan el valer
de la generación futura,
universitarios deber ser.

Vengan el pico y el rastrillo,
el cemento y piedra dura,
a glorificar a Hermosillo.

Tucson, Octubre 1941.   DR. FRED VALLES

Simultáneamente a la reproducción de artículos y poemas de creación tucsonense con temas de Sonora, se observa un interés por informarse y actualizarse sobre los acontecimientos y producciones culturales, artísticas y literaria de colegas de la entidad de la que fueron separados. Esta política editorial se erige como otra acción de resistencia al tratar de difundir, sin que la barrera geo-política represente un obstáculo, la producción sonorense importando la tradición cultural inmediata al suelo de Tucsón. El bisemanario pone así una abundante atención a la reproducción de poemas que les llegan, además de relaciones familiares y amistosas, a través de intercambios con periódicos.

Esta práctica, muestra otra vez del interés por no suspender los contactos con la raíz, se conserva hasta la desaparición del periódico en los años cincuentas como consta en la edición del 6 de octubre de 1953. Aquí los editores no "pudieron dominar(...)su emoción" al descubrir, en la publicación *Diario del Yaqui*, el poema "Padre Nuestro", dedicado al cura de Dolores, de la romántica inspiración del entonces "joven Bartolomé Delgado de León, Jefe de Redacción" del diario de Ciudad Obregón, Sonora. Por sus motivos patrióticos y su procedencia sonorense, el impacto de los versos es tremendo y los editores insertan fragmentos—que en parte reproduzco—"de ese largo poema" solamente para que los tucsonenses se den "una idea de su hermosura":

Y de aquellos tus labios que decían bendiciones
y callaban la angustia y el dolor de los pobres
se escuchó el grito noble que a los cielos movió:

¡Libertad y justicia para el pueblo explotado!
¡Redención para el indio...Y tu manos de anciano
señalaron la pauta de masacre y horror.

Los versos de Bartolomé, poeta sonorense de origen cohauilense de acuerdo a Alonso Vidal[15], se enmarcan dentro del proyecto de resistencia al enfatizar el patriotismo mexicano, con versos de indiscutible contenido social, muy útil ante la explotación y discriminación ya rampante en los años cincuentas.

Además del periódico mencionado, *El Tucsonense* intercambia ejemplares con *El Diario de Sonora*, *El Pueblo* de Hermosillo, *El Intruso* de Cananea, y otros, según consta en sus páginas y a través de los cuales tiene acceso a la producción poética de los sonorenses. No es extraño entonces que surjan poemas del guaymense Alfonso Iberri, uno de los más publicados; de Enrique Quijada, Saturnino Campoy, Armida de la Vara y Robles o Leopoldo Ramos. De este último, publica la nota informando sobre su triunfo poético en Mazatlán, reproduce íntegramente el poema triunfador, "A las mujeres mexicanas", que se ubica en el esfuerzo de reforzamiento cultural a juzgar por estas líneas lopezvelardianas. Estos versos, según prólogo de los editores, "son un elogio de la mujer mexicana, tan resignada y dulce, como abnegada y lleno de amor por su patria":

Mujeres mexicanas, por caridad divina
tenéis íntimo sello de atávicas bondades,
desde la sierva, gala de la paz campesina,
hasta la egregia, ufano timbre de las ciudades!

La lista se extiende con una dama hermosillense, Eloísa Díaz Velasco, la inspirada Juana Minjares y autores anónimos o firmantes con iniciales que se encuentran anonadados por la deslumbrante belleza de "La Mujer de Sonora" o "Las bellas de Hermosillo" que "pasan por mi calle/blancas, vaporosas, luciendo su talle"; o son "vírgenes de andaluces andares,/musas de carne y hueso, de rosado color/", que al morir el poeta románticamente evocará "gozando las diosas de Sonora,/y sin poder ya veros, me pondré a llorar..."

La resistencia cultural es evidente: poetas tucsonenses y de la región cantan motivos sonorenses y se reproducen poemas elaborados por autores de Sonora; en su conjunto, todos resaltan el discurso patriótico-nacionalista y pro valores hispanoamericanos. Pierden Tucsón económica y políticamente pero la herencia cultural del estado mexicano de donde surgen la siguen conservando y retroalimentando negándose a ser absorbidos por la atrayente contraparte anglosajona. Los han rodeado pero no han podido enmudecerlos.

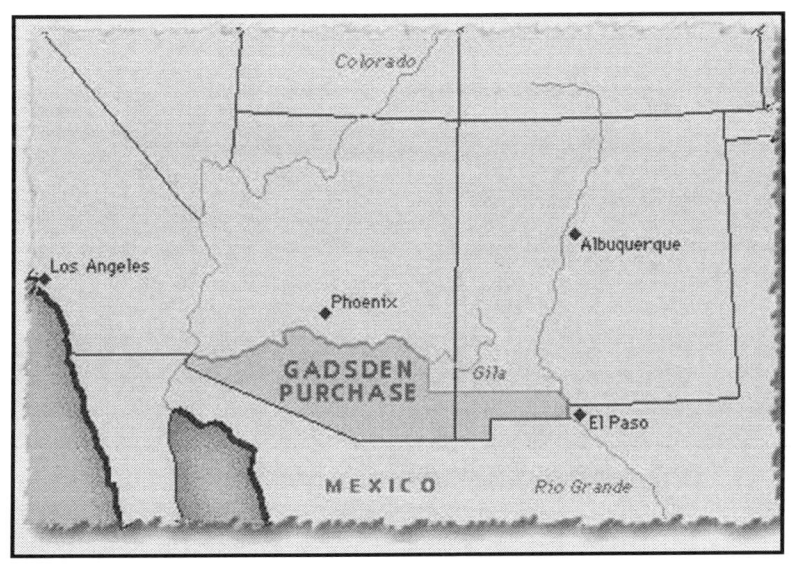

Venta de La Mesilla (1853) o, como se conoce en inglés, Gadsen Purchase, puso bajo el dominio de Estados Unidos el territorio comprendido desde el Río Gila hasta la hoy frontera con Sonora. De esta manera, el pueblo sonorense de Tucsón vendría a formar parte del hoy estado de Arizona.

Durante los primeros meses de existencia, El Tucsonense proporciona noticias como si se habitara en territorio mexicano. En la edición del 2 de julio de 1915, destaca a ocho columnas la muerte del dictador Porfirio Díaz.

CAPÍTULO III

¡NO ME RINDO!, SOY MEXICANO DE SANGRE

Extensión del fervor regionalista inmediato, es el sentimiento hacia México que el periódico también fomenta. Refuerza la identidad y resistencia mediante la publicación de artículos y poesía con temática mexicana que incluye la reproducción de autores consagrados. Sonora es el puente hacia la mexicanidad, es el contacto inmediato con toda la hispanidad. El patriotismo que difunde no se restringe entonces a un corto regionalismo, sino que intenta trascender a niveles amplios procurando el reencuentro con las raíces añejas que no quieren perder y desean seguir alimentando.

El sentimiento mexicano e hispano es fuerte, es una especie de respuesta al estarse enfrentando permanente y directamente a la cultura norteamericana de creencia superior, que margina y los quiere asimilar. Los tucsonenses amenazados buscan el refugio cultural en aquello que huela a Sonora, México y Latinoamérica en otra forma de resistir, de sentir identificación, solidaridad y unificación. El periódico, entonces, simultáneamente a fomentar la raíz sonorense, manifiesta una constante que dominará hasta su desaparición de divulgar, preservar y resaltar los valores de la cultura mexicana e hispana.

La poesía de carácter popular costumbrista y tradicional es tan abundante que el mensaje y la conclusión es clara: *El Tucsonense* es el continuador de la tradición literaria mexicana e hispanoamericana en ese enclave hispano que cada vez está más marginado y amenazado. También en esta tarea juegan un papel importante los poemas consagrados, destacando los de Amado Nervo; son el apoyo, el complemento, el modelo que refuerzan la actividad implementada por los poetas regionales que guían a los tucsonenses por el camino de la mexicanidad.

Pululan los poemas resaltando este orgullo en versos explícitos y simbólicos como el "Jarabe Tapatío"; descriptivos encumbrando sitios clásicos e históricos, típicos de México, "A Chapala", "A Mazatlán", Guadalajara o ruinas arqueológicas. Poemas de personajes que representan el carácter y la patria mexicana como "El Labriego", "El Charro Mexicano", "El Merolico", "La Siembra" o "La Marimba".

Entre refranes y dichos, destaca también la reproducción de canciones populares de la época de los años cuarentas y cincuentas, como producto de la entrada de los medios masivos de comunicación y la incipiente cultura de masas. Estas canciones, que algunas todavía hoy quedan en el recuerdo colectivo formando parte del arraigo e identidad nacional, en su tiempo fueron los "éxitos" del momento y se imprimen tan abundantemente que el periódico, ya en su última etapa, les da lugar especial en la sección "El cancionero fílmico". Se refuerza de esta manera la vinculación y la actualización de los gustos tucsonenses respecto de los mexicanos. Difunde composiciones de Agustín Lara, Tito Guizar o Pedro Infante a un público que las canta y tararea a través de la radio KVOA en su programa "La hora mexicana".[16] Al igual que los millones de mexicanos en su país natal, los tucsonenese también entonan "Píntame angelitos negros", "Farolito", "Amorcito Corazón" o "Quinto Patio", gracias al cancionero que les entrega su periódico dos veces por semana, en una resistencia que se moderniza. Como complemento, utilizando ya los servicios de noticias provenientes de México, reproduce otras prácticas culturales como "las calaveras" redactadas por los ingenios comerciales de la época para dar más fama a los artistas nacionales. Aquí ésta a la ya divinizada María Félix:

> *La "Diosa" no fue tan diosa,*
> *ni la "Diabla" tan diablilla,*
> *pues la Parca presurosa,*
> *la sepultó en una fosa,*
> *y así le dió la puntilla,*
> *"Que Dios me perdone", dijo,*
> *por ser "La Devoradora",*
> *mas, como no me corrijo*
> *y soy tan diabla, colijo*
> *que ya me llegó la hora.*

Pero dentro de este esfuerzo por identificarse, y acercarse, es seguro que no exista otro poema en el periódico que resalte tanto el amor y la preferencia por la cultura mexicana como el de José Castelán. No es un poema consagrado ni proveniente de las letras allende de Tucsón, sino uno de cuño local cuya estima por el país es admirable. Es una prueba viva de que se ama y se sigue prefiriendo la herencia mexicana por parte de esta comunidad que no se "rinde" como lo expresa el poeta:

¡NO ME RINDO!

No me rindo!...No!...Jamás!
Moriré, si es necesario,
Pero no me rindo!...No!...
Mi valor es temerario.

Soy Mejicano de sangre
I Castelán de apellido,
I ni uno ni otro, jamás,
Misericordia han pedido.
Si la Fortuna me cierra
La puerta de la esperanza,
Yo lucharé y la abriré
Con la punta de una lanza.

Siempre humilde, la Fortuna
Hizo cuanto le mandé,
I ahora se está haciendo sorda
Porque ya viejo me ve.

Mi voluntad es de acero
I esa espuela la hará andar,
I hasta correr, si yo quiero,
I si lo mando, volar.

Aún conservo mi altivez,
I valor, y arrojo, y brío;
Al mundo, al infierno, á todos,
A todos los desafío.

I si es que caigo en la lucha,
Moriré sin humillarme.
Me quebraré veinte veces
Antes que una vez doblarme.

Como el gladiador romano,
Altivo caeré en el suelo,
Sin rendirme, ni pedirle
Piedad al mundo ni al Cielo!!...

Tucson, 2 de abril de 1915.
JOSE CASTELÁN

Desde hoy viernes, 14 de enero, dan principio las festividades de 4 días, de las "Bodas de Oro" de la Alianza Hispano-Americana, fundada por el ilustre sonorense don Carlos Y. Velasco, arriba ilustrado, acerca de quien damos en este número algunos datos biográficos.

[...] Don Carlos fué (sic) muy respetado y querido de cuantos lo trataron. Aparte de su vasta inteligencia y cultura, y de su honradez acrisolada, se le reconoció siempre como el principal defensor de los de nuestra raza, que a él ocurría en sus apuros y tribulaciones, siendo siempre atendidos con el alto espíritu de confraternidad y sinceridad.

En 1881 fué llamado por el Gral. don Porfirio Díaz, Presidente de la República Mexicana, para que ayudara a tramitar los legajos correspondientes a los daños y perjuicios hechos por los Apaches en Sonora, y sobre asuntos fronterizos. Permaneció en la capital citada dos años. El 25 de junio 1882 le

Página de El Tucsonense, *del 15 de septiembre de 1932, honrando con un poema al padre de la independencia mexicana, el cura Miguel Hidalgo; publica además una novela traducida del italiano y reproduce artículos de* El Fronterizo, *su periódico antesesor.*

CAPÍTULO IV

LATINOAMERICANO, HOMBRE DE DOS ANTIGUAS ALTEZAS

La preservación de lo sonorense y lo mexicano se expande hasta lo latinoamericano. El amor por el terruño rebasa los márgenes regionales alcanzando un hispanoamericanismo a través de una poesía que parece seguir el ideal panamericano de Simón Bolívar. Desde un principio es abundante y acaba por completar la resistencia cultural porque estas producciones reconocen los orígenes españoles, el mestizaje y los vínculos solidarios con América Latina. Siempre es recordada esta identidad con abundantes poemas que conmemoran cada octubre el llamado "Descubrimiento de América". Esta temática, parece responder al etnocentrismo norteamericano porque el periódico la encumbra y encuentra mayor impacto de preservación al estar enmarcado en el contexto tucsonense.

La respuesta con tintes bolivarianos indicaría la búsqueda casi desesperada de acercarse a sus hermanos de raza, desde Sonora hasta la Patagonia, en un intento de sentir y expresar apoyo moral y reforzamiento cultural. Se quiere demostrar también que los hispanos de Tucsón y de Estados Unidos no se encuentran solos, sino que tienen tras de si toda una tradición que se remontan siglos atrás hasta la Iberia y luego el mestizaje latinoamericano. Y con este bagaje, sugieren los poemas, la resistencia es más amplia e integral al sentirse herederos hispanoamericanos y, por lo tanto, con el poder, la fuerza moral, motivación y orgullo para enfrentar la otra poderosa cultura dominante.

La hispanidad, entonces, puede y debe conservarse para enfrentarse y sobrevivir en el ambiente anglosajón con sus extremos de creencia de superioridad y dominio real. Este ideario se refleja además en ensayos y artículos como el "Seamos Latinos", publicado el 17 de mayo de 1924. Dentro del proyecto de resistencia, el papel de esta literatura panamericanista es, pues, el de inculcar y difundir las raíces originales desde la fundación de la hispanidad, alimentar el fervor latinoamericano, promoción del ideal bolivariano, para despertar el orgullo e identidad capaz de enfrentar a la dominante.

El Tucsonense difunde el orgullo iberoamericano desde distintas perspectivas. Se observa primero una serie de poemas que tratan de presentar rasgos, descripciones o información cultural de la "madre España" y de países latinos como en "España y sus hijas", "La Reina del Pago" de Argentina, o el poema "Soy Cubano". Después, hay versos que mencionan cóndores o incas en "Otros Caballos", o se exaltan países sudamericanos como el Ecuador en "Salve oh Patria ". Otra estrategia es la reproducción de cientos de poemas de autores latinoamericanos consagrados entre los que destaca el Modernismo de Rubén Darío.

La intención de unir a los pueblos en torno al sueño bolivariano se ve explícita cuando, en un "Tríptico", se reproducen los poemas "Soy Español" de Enrique de Alarcón, "Soy Cubano" de Manuel S. Pichardo y el "Soy Mexicano" de Manuel Carpio. Esta intensión, línea de resistencia, encuentra su encumbramiento definitivo al publicar los "Poemas trozos de Himnos Nacionales de este continente. Que revelan todos ellos acendrado patriotismo". Sin embargo, el panamericanismo en poesía tiene su máxima expresión en los siguientes versos de cuño local: plantean el modelo ideal para el hombre americano, de raíces iberas y latinoamericanas, cristiano en oposición al protestantismo; igualmente, sugieren que es capaz de enfrentarse con el anglosajón mediante el estudio de la lengua y cultura hispanas, de clara visión universal, humanista, sensible y laborioso:

NUESTRO HOMBRE

Debe reunir ciertos exponentes integrales:
Haber nacido en la tierra americana,
Conocer sus costas y sus bosques principales,
Así como la andina mole meridiana.
Valorizar lo actual y las cosas ancestrales,
La civilización incáica y la araucana,
Interpretando fielmente todos sus anales,
Para asentar primitiva base lejana.
Haber visto las gráficas de Ruta y Daytea,
I También de la Ciudad de las Puertas de Oro,
Donde el rey Kronos tuvo brillante era;

Después un gran cataclismo las islas dispersó,
Formando continentes con nuevo aforo,
Hablar otros idiomas a más del castellano,
I viajar estudiando por el Europeo Mundo,
I en España estrechar la abuela mano,
Usando lazo de sangre, con amor profundo.

Vivir allá, ahondando el solar lusitano,
De histórico sentir, hidalgo y fecundo,
Que en el siglo de Oro, llegó al arcano,
Al rasgar Colón, el Atlántico iracundo.

Seguir la línea familiar de predecesores,
Lo cristiano, lo noble, con toda entereza.

Bajo cielo claro y tierras de esplendores,
Sus cantos, con todos los provincianos matices,
I sus monumentos y castillos de grandeza,
Historias, leyendas y gloriosas cicatrices...

Conocido lo latino y lo anglo sajón,
Su historia, ética y á sus pobladores,
Con su arte y ciencia que dan completa visión,
El nativo continental, pesa los valores.
Comenzando por los quilates de su corazón,
Herencia incáica y de los conquistadores,
La primera, con la más alta civilización,
La segunda, con los más bravos exploradores.
Lo incaico y lo hispano amalgamado,
En tierras vírgenes de infinitas bellezas,...
La simiente íbera, magno cruce ha dado,
El hombre de América muestra lo superior,
Es fruto moderno, de dos antiguas altezas,
I trabajando busca, mundial fraterno amor.

Tucsón, Agosto de 1949

CAPÍTULO V

NINGÚN DELITO ES, LUCHAR POR LA JUSTICIA Y LA RAZÓN

Si la defensa bélica de Sonora fue exitosa robusteciendo el sentimiento nacionalista cohesionador, la intervención anglosajona en la región de la Mesilla no fue contrarrestada violentamente. Surgieron, en cambio, movimientos políticos, sociales y culturales impulsados por tucsonenses que experimentaron el contagio de los triunfos sonorenses.

Al avanzar el control del capitalismo norteamericano, sobre todo en las minas que es la actividad principal del área, una clase trabajadora mexicana empieza a organizarse en sindicatos y uniones inspirados en parte por los grupos laborales mexicanos como "Regeneración".[17] Las condiciones de vida en Tucsón más la influencia del sur de la frontera, van a combinarse para producir acciones de resistencia en torno a la defensa y conquista de derechos sociales, laborales y políticos que se manifiestan en los artículos y la literatura del bisemanario.

La clase obrera de extracción mexicana, se defiende de la explotación, de los bajos salarios y de la discriminación laboral por ser los que más están sufriendo el avance del opresor. Pero dado que el periódico representa mayoritariamente los intereses de una burguesía mexicana semiacomodada, no se identifica plenamente con las demandas proletarias, ni se une ni participa directa y activamente en sus luchas.[18] No obstante, y con estas limitancias ideológicas y de intereses, *El Tucsonense* promueve la vigencia e instalación de elementales derechos laborales, apoya limitadamente el sindicalismo y se pronuncia en contra de la discriminación y la segregación. Igualmente, lucha por la dignidad y respeto a los valores culturales, trata de destruir los prejuicios norteamericanos buscando mayor acercamiento y comprensión hacia la hispanidad, enmarcándose dentro de los objetivos de la prensa en español escrita en Estados Unidos desde sus inicios.[19]

En este sentido, da cabida y proliferan en el bisemanario interminables artículos periodísticos y literarios criticando y cuestionando los excesos de prepotencia anglosajona con su secuela de injusticias sociales y laborales. Al mismo tiempo, trata de ponderar las virtudes mexicanas e hispanas publicando los logros de personalidades y héroes populares, plantean debates sobre el origen hispano de famosos e ilustres, críticas serias o irónicas a la supuesta superioridad de las razas e, inclusive, inserta notas de desprestigio a la actitud de "gringos" exéntricos. Hay uno sobre "Los Ku Klux Klan" del 12 de noviembre de 1921, otro sobre "Por que apareció la heroicidad de un mexicano entre las páginas interiores de un periódico" del 8 de abril de 1922, uno más que plantea el debate de si "Thomas Alva Edison lleva sangre mexicano en sus venas" publicado el 7 de abril de 1923, por citar algunos de los cientos que difunde.

Dada su línea periodística, la publicación va evitar, sin embargo, que la clase laboral mexicana se radicalize en extremo y se manifieste en favor de ideas y acciones que atenten el capital. En contraposición, difunde artículos y poesía que insta y orienta hacia el honesto, tranquilo o convencional camino del respeto al bien ajeno, del trabajo y la virtud. Es un claro afán de impedir que los trabajadores se contagien del ideal comunista ya en efervescencia ante el reciente triunfo del bolchevismo—"El ejemplo del socialismo en Rusia" del 3 de marzo de 1918. Emergen así poemas concientizadores, de preocupación y sensibles a las condiciones obreras, versos que invitan a la defensa laboral. La "razón" y la "justicia" por sobre la revolución, asegurando así la permanencia del capital, pero protegiendo y motivando al obrero para la consecución de elementales derechos como proponen estos versos, de finales de la primera década del siglo XX, felicitando y aconsejando a los miembros de una organización obrera:

EN SU PRIMER AÑO DE LUCHA

Un año y aún en pié, vuestro estandarte
Flamea al aire, de honradez bañado;
No temas que el presente, ni el pasado,
Del templo obrero intentará arrancarte.

Naciste a luchar por los caídos,
para ir con la razón y la justicia;
Y no debes temer que la sevicia
Opaque tu labor con sus aullidos.

Tu labor sacrosanta está cumplida;
Luchar por tus hermanos los obreros
Deja pues, a los pobres can cerveros
Que te arrojen su baba envilecida,

Tú sigue hacia adelante, toda pena,
Que encuentre en tu labor su lenitivo;
Y si llegara el caso, surge altivo,
Y rompe del esclavo la cadena.

No es ni puede jamás ser un delito,
Luchar por la Justicia y la Razón;
Ni tampoco, con magno corazón,
La esperanza llevar hasta el proscrito.

No te intimiden en la senda, abrojos
Terribles punsadores y dolientes;
Que las espinas cuadran á las frentes
De aquellos que al ideal vuelven los ojos.

Un año y tu escudo aún flamea
Cual sostenido por robusta mano;
Que a la vez que alecciona al inhumano
Lleva al cerebro obrero, santa idea.

Sigue pues, tu misión, misión sagrada.
De Razón, de Justicia y honradez,
Y has que pueda elevarse hasta el pavés
La clase proletaria, emancipada.

"OBRERO", sigue, tu aureolado escudo,
Es fe y es redención para el de "abajo";
Sigue, pues, tu misión que es de trabajo
Y acepta mi respeto y mi salud!

ARTS VERBA

En otra reacción de resistencia, se tiene así que el sector acomodado mexicano, a diferencia del patrón anglosajón, no resulta tan indiferente a la situación de sus paisanos que sufren en el último escalón de la pirámide social. En la práctica, van a manifestar una especie de filantropía cristiana paternalista que auxilia, protege y defiende al trabajador víctima del avance capitalista. Y en la literatura surgen este tipo de poemas consejeros de apoyo, conscientización y limitada solidaridad laboral cuidando sugerir politización extrema.

Al mismo tiempo, los sectores hispanos más favorecidos fundan un número importante de sociedades, logias o alianzas de corte socio-cultural y filantrópico—"Tucsón es un gran centro de sociedades fraternales" 15 de marzo de 1919—que parecen seguir el patrón de las tradicionales logias y sociedades mutualistas que proliferaron en México durante el siglo XIX. Es en parte la respuesta contra la competencia económica anglosajona que se afianza y otra forma de contrarrestar la consecuente escalada de segregación y discriminación.

El bisemanario, así como entra al rescate, con su concepción y limitancias, del obrero al tiempo que le previene de ensayos socialistas, difundirá periodismo y literatura que critica y denuncia algunos rasgos de la injusticia, deshumanización o corrupción del incontenible capital norteamericano. En su idealismo, al criticar los métodos del sistema pero no su raíz porque como clase acomodado aún les favorece,[20] hay poesía con motivos de protesta contra guerras mundiales, la incontenible sed de ganancia, la competencia comercial, el acaparamiento incontrolable del poder, brotes de corrupción, invocaciones a la unidad y participación en la política de altura. Esta versión de "poesía social", parece apelar a un humanismo cristiano identificado con la solidaridad hispana que intenta mayor influencia en el sistema. El poema siguiente denuncia una temprana corrupción entre los políticos anglos, culpa a la "avaricia" como causa de la injusticia, orienta a los hispanos para concientizarse políticamente y prepara el terreno en demanda de mayor participación dentro del poder norteamericano. Desde el título se demanda ya una:

Manuel Murrieta Saldívar

POESÍA POLÍTICA

Especial para "El Tucsonense"
(Con motivo de las próximas elecciones)

Se aproxima ya la elección
que nos brinda la ocasión
de elegir los candidatos
que parezcan mas sensatos
y que sean mas sinceros,
que no nos quiten dineros
cuando estén en sus funciones
con altas contribuciones
que no podamos pagar,
al votar hay que pensar
que muchos quieren el hueso
y que otros han tenido con exceso,
pues es tanta su avaricia
que violan toda justicia.
Para quitar ese mal,
el asunto principal
es votarlos a todo trance
en cuanto esté a nuestro alcance,
de la manera siguiente
que me parece prudente--
en las primarias votar por ellos,
en las generales votar contra ellos.
No votar derecho boleto entero,
figurar primero cuanto dinero
este candidato tiene ganado
con sus servicios en el Estado,
si ha ganado, ya lo suficiente,
es lo mas lógico y conveniente
darle el voto a su contrincante
para que salga este triunfante,
porque este tiene mayor derecho,
que el que ha vivido bajo aquel techo

de tal o cual oficina publica,
en los contornos de esta república,
donde los sueldos de los empleados
están por cierto muy elevados.
Con estas rimas hago la moción
para que se haga gran reducción
en los salarios de los empleados,
y de sus jefes, y sus aliados,
por aquellos medios que sean legales,
no hay otra cura para estos males
que todos tenemos que confrontar,
esto les digo para terminar.

DEMETRIO AMADO
Septiembre 9 de 1932.

Estos brotes de protesta política en poesía serían los antecedentes de la que se expresa durante los movimientos sociales de los años 60's. Aquí están parte de las raíces de la poesía denunciativa chicana que destruye la suposición de la apatía o dejadismo que el anglosajón quiere adjudicar a los mexicanos en Estados Unidos. Y hay que recordar que se trata solamente de una poesía de protesta proveniente de sectores de la clase media; se sugeriría analizar lo que se encuentra en periódicos obreros o de otras tendencias. La denuncia, forma de resistencia, seguramente sería más explícita.

*Una página común de la sección literaria
de El Tucsonense: poemas rodeados de la publicidad
del momento.*

CAPÍTULO VI

¡PUEBLECITO CERCANO DE MI NOGALES HERMANO!

Otra forma de resistirse culturalmente es la de seguir considerando suyo el territorio perdido físicamente. Si el obrero se organiza contra el capital y la élite se indigna, surgen otros poemas de corte popular que proponen no abandonar emocional o sensiblemente el terruño original en cantos que dan la impresión de que el espacio, independientemente de la presencia anglosajona, les pertenece aún íntegramente. Estos versos encuentran también su apoyo en artículos periodísticos constantes como el de "Tucson-50 años pasados" del primero de enero de 1921 o sobre "Tucson a vista de pájaro" de la misma fecha pero de 1929.

En prosa y en verso se niegan a reconocer que se ha perdido ese habitat geográfico poblado originalmente por sonorenses desde hacía más de un siglo. La poesía con estos mensajes es abundante y no se limita a cantar al Tucsón inmediato, sino prácticamente a todo el suroeste con lo que sientan el precedente del Aztlán mítico que manejan modernamente los chicanos de hoy. Le cantan a "California", "A las bellas de Glendale", a todo "Arizona", a "Long Beach" y, por supuesto, a los ocotillos y sahuaros de Tucsón. El poema siguiente, que en extensión y calidad es el más representativo de esta tendencia, sintetiza la historia hispana del poblado, parece plantear que su pasado fue más digno y se opone tenuemente al dominio del lienzo de las barras y las estrellas. Es tan logrado en rima, métrica, estrofa y contenido, que considero indispensable reproducirlo completo a pesar de la extensión. La resistencia cultural es sencilla y evidentemente hermosa:

TUCSON

En el Arizona Del Recuerdo

Pedro Tobar Cruz

—*Para El Tucsonense*—

He dejado a la sombra de las palmas
la queja errante de mi amor primero;
la vida es el ensueño de las almas
en busca de la paz de lo sincero.

*Hablemos de tu vida y de la mía,
de lo que espera el corazón que ama;
del canto que se quiebra en armonía
si algo sufre en vacilante llama.*

*La claridad del cielo me enamora
con cierta angustia de pasión doliente
y ante el recuerdo de la patria ausente
vibra una queja que entristece y llora.*

*Muy poco me refieren del pasado
que esconde la ilusión de lo vivido;
quien olvida el recuerdo de lo amado
padece y sufre por lo que ha perdido.*

*Extensiones de tierras silenciosas
con cansancios de amores y placeres;
canciones que se abren como rosas
y luces de inquietud de atardeceres.*

*Esa es Tucson, la de grisea tierra
de raza fuerte y corazón de niño;
que tiene entre sus mimos lo que encierra,
alegría, misticismos y cariño.*

*Esta es la tierra que Arizona muestra
como un ejemplo en su grandeza misma;
esta es la vida que en su afán demuestra
el capricho formado por un prisma.*

*Gila y Sesón, son ríos cuyos nombres
apenas sabe el que los busca ansioso;
solo queda el recuerdo de los hombres,
como el Saguaro que nace silencioso.
Cebolla y Chichiticaba, olor de primavera*

con el suave aleteo de las brisas;
conjuga mi perdón por vez primera
recogiendo el silencio de tus cenizas.

Y en el desierto, con el calor a cuestas,
va Marcos de Niza con el Virrey Mendoza;
sin saber de alegrías, ni de fiestas
ante el ataque de la tribu airosa.

Coronado, el de incontables aventuras
redime su cansancio en el dolor;
Pedro de Tobar, enciende sus locuras
sin saber que lo mata un nuevo amor.

Lopez de Cardenas con su altiva frente
hace que Cabeza de Vaco pegue dura;
mientras el moro Esteban con su amor ardiente,
cae a pedazos con un gesto impuro

No todo es muerte en la extensión desierta,
un canto de amor en la pradera brilla;
el Padre Kino con el alma abierta
envuelve su esperanza y se arrodilla.

Lleva a los cielos la plegaria muda,
besa la piedra donde pone el pie
y entre oraciones de pasión desnuda
cierra los ojos sin saber porqué

La jornada era larga y peligrosa,
tribus guerreras de indomable furia
estaban en acecho, miradas sospechosas
resbalaban del sueño a la lujuria.

Las misiones hicieron la conquista,
poniendo en San Javier la vida entera,
oremos porque el alma se revista,
de la paz que es canción en primavera.

*Y de Geronimo, el indio indomable
que tuvo en jaque a cientos de guerreros,
solo queda su sombra impenetrable
por montañas, poblados, y senderos.*

*Los Yaquis, los ópotos, y otros cuantos
que con los pápagos llenaron la región,
recuerdan llevando entre sus cantos
la angustia de un lejano corazón.*

*La leyenda nos habla del ayer
tan lleno de romances y de amores;
la queja del que sufre puede ser
un recuerdo de épocas mejores.*

*El águila desde lejos ve la tierra
que tiene historias de pasiones bellas;
y hoy en el llano y en la sierra
ondea un lienzo de Barras y de Estrellas.*

Tucson, Arizona Diciembre de 1954

PEDRO TOBAR CRUZ.

Idealistas y ensoñadores, estos poemas manifiestan el ímpetu de no resignarse a cederles a los norteamericanos el territorio espiritual, perdido ya el físico. Destaca también que de seguido tratan de enlazar el poblado con sus raíces originales al sur de la frontera como termina el poema "Tucson", de Catalina Iribe, fechado en Nogales, Arizona el 8 de enero de 1940:

*Mi homenaje has de aceptar,
¡Oh pueblecito cercano,
de mi Nogales Hermano
que siempre he de recordar...!*

En marzo de 1923, conciente de su función social e histórica dentro de la comunidad hispana, El Tucsonense publica un artículo sobre su fundación...

CAPÍTULO VII

¡MENTIRA QUE LOS PUEBLOS QUIERAN GUERRA!

Además de los motivos de apoyo y defensa al obrero y de no resignarse a perder el terruño invadido, surgen poemas con temáticas de protesta contra las guerras, de tendencia pacifista, aderezados con suaves críticas a las grandes compañías, gobiernos o intereses que empujan al pueblo a los conflictos bélicos.

Durante la Segunda Guerra Mundial, circulan en el periódico versos escritos en el campo de batalla por soldados de origen mexicano. Unos son enviados "De Africa", "Los Versos de Ultramar" o "Sobre el Pacífico Sur". A pesar de que los autores combaten en el frente estadunidense y sus escritos comienzan a incluir anglicismos, en la distancia manifiestan un sentimiento por México que se refleja en la forma y el contenido del poema. Recuerdan en mucho al género y forma del corrido como tratando de crear la épica de la contienda con la perspectiva y el sentir mexicanos. A petición de los autores o familiares estos poemas se publican como queriendo demostrar la tenacidad, valentía, sensibilidad y orgullo de la comunidad hispana que a través de sus hijos participa en la guerra.

El "jovencito" René Morales, soldado que "ahora está en Camp Beale, California pero que es de Tucsón", desea ver publicados en el bisamenario "Los versos de ultramar" para expresar su valentía: "Año mil novecientos cuarenta y seis al contar,/Que el día nueve de Enero, se fueron a presentar;/Yo he visto muchos amigos que se ponen a pensar;/Dicen que el que va no vuelve, y se ponen a llorar". Como en los corridos, acude luego al tradicional, con una variante personal, "Vuelva, vuelva palomita, ve a parar a aquellos ramos"/. Para después rematar con la nostalgia y fervor mexicanista porque es necesario estar "unidos/ para poder protegernos de todos los enemigos", pide a la paloma que avise que "aquí van los soldados mexicanos" rumbo a Japón en donde hay que "jalar con valor/para que flote en el aire nuestro bello pabellón;" y aconseja finalmente que no "hay que olvidar(...)a todos los mexicanos que fueron a dar sus vidas." Ni enlistándose en el propio ejército "yanqui", la herencia cultural es eliminada o disminuída.

En esta línea de resistencia durante la coyuntura de la guerra, destaca además un conjunto de poemas pacifistas cuestionando el movimiento bélico mundial, los intereses que lo impulsan, el modelo de vida "moderno" y hacen veladas críticas al sistema del "american way of life". Estos versos en ocasiones suavizan el mensaje de crítica al conflicto y los intereses que esconde: "Ya estarán en hora buena / los traficantes en guerras,/soñando con las ganancias/que produzca la contienda". Como se observa, no se culpa concretamente a nadie sino que lo deja implícito.

Es importante señalar que mientras el periódico invita al enlistamiento ante las necesidades de la guerra, por otra parte publica estos poemas como para desistir o cuestionar el enrolarse, adquiriendo así un efecto de resistencia más notorio. Encajan bien en el ideario de la Doctrina Estrada característica de la política exterior mexicana que se opone a invasiones militares y al control económico político de un país sobre otro. No es exagerado afirmar que esta poética sería reflejo del sentir antibélico de un sector de la comunidad hispana que es forzada y manipulada a participar. Los siguientes versos proponen un pacifismo cargado al cristianismo, simpatizan con el dolor de la madre con hijos en guerra y tratan de conscientizar y advertir sobre los provocadores y beneficiarios de las contiendas:

¡AVE, MERCADERES!

*Yá estarán en hora buena
los traficantes en guerras,
soñando con las ganancias
que produzca la contienda.
Los mercaderes del templo
ni sienten, ni se impacientan;
son seres sin corazón,
sin dignidad y sin conciencia.
No les importa que sufran
los pueblos la pena negra;
se concretan a las ganancias
sin importales la guerra,
que la gane quien la gane,
o la pierda quien la pierda.*

El interés, para ellos,
sólo estriba en sus riquezas.
Si los gobiernos estudiaran
a esas jaurías de panteras
no tendrían los pueblos hambre
ni tendrían tantas guerras.
Que los Gobiernos se opongan
para que no venga el hambre,
y que no vengan las guerras.
¡Mentira que sean los pueblos
los que quieren que haya guerras!
Yo me afirmo en el sentir
de las madres del Planeta!

Tucson, septbre 15 de 1939.
J. DÍAZ LÓPEZ

Díaz López, autor de más de una docena de poemas de este tipo, acapara la temática y es digno antecedente de la literatura chicana pacifista que aflorará en los años 60's y 70's del siglo XX. Además, ofrece otra variante de resistencia aprovechando la coyuntura de la guerra. *El Tucsonense*, en una desición sorprendente, le publica versos que cuestionan los principios de la civilización occidental, cuyo paradigma es a estas alturas los Estados Unidos, como la idea de "progreso" y "modernidad"; se anticipa también en denunciar el poder manipulador de los medios de comunicación que ya difunden la cultura de masas. En consecuencia, la denuncia profética diazlopeziana es asombrosa porque su visión poética destruye la sociedad contemporánea productora de conflictos e injusticias y parece proponer otra más fraternal, utópica y con rasgos de hermandad cristiana.

Con ella, aparte de su pacifismo, Díaz López vuelve a sentar el precedente de los mensajes y movimientos de protesta que surgirán décadas más tarde y que buscan nuevas opciones de organización social alejados de la sociedad y cultura dominante norteamericana. El poeta rompe con la ambición por el capital, el "pecado" del edonismo y el confort materialista. En cambio, en su poema "Modernismo" propone claramente el regreso al origen o al paraíso perdido, el reencuentro con la naturaleza y la divinidad al afirmar que ella "enseña tantos encantos/ que se ve la santa obra/en todo el género humano". Luego dice que "Es tanta la inmensidad/ y el firmamento tan amplio/Que solo los modernistas" pasan por alto estos cuadros y han creado una sociedad donde "la vida es correr mucho./Pasarla siempre gozando/y sueñan que llegue el día que Dios les haga milagros". Concluye exitosamente al afirmar que "Dios y la Madre Natura/seguirán siempre triunfando". La sociedad norteamericana, capitalista y moderna, es así cuestionada, rechazada y el poeta se resiste buscando una nueva comunidad con rasgos cristianos, rural y fraternal, valores todos más aptos de encontrarlos en el mundo hispano. Gran parte de su poética queda sintetizada en:

EL TIEMPO LO DIRÁ

Que hacen con la historia antigua
Y de aquellos titanes que al mundo ilustró;
Reflejos antiguos, puras remembranzas,
que los modernistas juzgan con candor.

Hoy la vida es breve como el arco iris,
llena de colores, llena de ilusión;
Se admira la forma, se admira la línea,
el cine y la radio hacen tal labor.

Pero con el tiempo que es el fiel amigo,
de los tiempos idos y en toda ocasión,
dará su sentencia de quien fue mejor.
Si la edad presente o la que pasó,
y a quien debe el mundo mas ilustración
A los que no olvidaron la creencia en Dios!

Tucson, Ariz. Abril de 1942.
JOSÉ DÍAZ LÓPEZ

En su aventura poética durante la guerra, la publicación parece incluso arriesgar intereses comerciales, políticos e ideológicos en su firme desición de difundir y apoyar temáticas pacifistas. Mientras en sus primeras páginas publicita bonos de guerra y convoca al enlistamiento,[21] en sus secciones literarias se opone a la violencia y a la muerte. Simultáneamente atiende a los intereses norteamericanos de la defensa y es fiel a su papel de difusor cultural comprometido con la ideosincracia hispanoamericana. En este cuadro de compromisos, convicciones y valores puede difundir, como en parte hizo con Díaz López, las más atrevidas osadías literarias, directa o indirectamente atentando contra el sistema norteamericano.

Seguramente el "riesgo" más notorio en la vida del periódico, que refuerza la resistencia implementada ahora con elementos claramente ideológicos, sucede en esta coyuntura de guerra mundial. En lo que podría considerar como caso especial, cuando el avance del fascismo amenaza las democracias occidentales y los bloques comunistas y capitalistas se unen para detenerlo, reproduce este "extraño" y temido canto:

LA INTERNACIONAL

Alerta! Alerta!

Alerta comunistas, terror de
los fascistas

del Comunismo somos combatientes

del bolchevismo somos
defensores
del socialismo somos decidentes y del fascismo
los perseguidores.

Viva la Tercera Internacional
que todo el mundo deberá seguir,

viva Lenin, viva la URSS
que todo el mundo deberá imitar

Nosotros no queremos opresores,

queremos la igualdad en todo
el mundo,

tampoco permitimos asesinos
que son los que originan nuestros males.

Viva la Tercera Internacio-
nal que todo el mundo deberá
seguir,
viva Lenin, viva la URSS
que todo el mundo deberá imitar.

Nuestras banderas que hoy
empuñamos
fueron pisadas por el opresor,
por el Comunismo, las empuñaremos
por el Comunismo sabremos morir.

Alerta! Alerta! etc.

Publicada el 5 de mayo de 1944 en una página especial celebrando la batalla de Puebla y junto al Himno Nacional Mexicano, la reproducción de este canto permite elucubrar sobre posibles tendencias o simpatías socialistas de los editores por lo menos durante la coyuntura bélica. Su publicación, la única con estas características, es extraña dado el anticomunismo que manifiesta *El Tucsonense* en su existencia por lo que no se ve por ningún lado alguna ideología prosocialista. Cabe la explicación, sin embargo, que se trata de una excepción de urgencia dada la unificación de los bandos aliados con las fuerzas soviéticas para combatir el fascismo. Los comunistas pasan de ser odiados a héroes a quienes también hay que celebrar y motivar en su combate al nazismo. Olvidándose por un momento de su anticomunismo, el bisemanario entonces publica el poema seguramente para mejorar la deteriorada imagen de los soviéticos, consiguiendo simpatías, favoreciendo la unificación tendiente a la derrota fascista. Como quiere que sea, el hecho en sí de la aparición de "La Internacional", independientemente de cómo fue, representa un contundente mensaje contra el pujante imperialismo y capitalismo norteamericano. Es un suceso poético inesperado, un sorpresivo atrevimiento, un accidente de impresión o la travesura de un prensista politizado, que pudo cimbrar a los lectores más conservadores y fugazmente "atacó" en su territorio a la médula del imperio reforzando ideológicamente la resistencia de los hispanos conquistados.

La familia: "dueña absoluta" de El Tucsonense

El Sr. Francisco S. Moreno con sus hijos Gilberto, Federico, Arturo y Elías Moreno se encuentran asociados en la negociación de "EL TUCSONENSE". El joven Gilberto es el Gerente del taller y los demás tienen sus ocupaciones delineadas de tal manera que en pocos años llegarán a ser componentes operarios y son las esperanzas de su padre que algún día ellos lleguen a ser útiles a la comunidad y puedan alcanzar un gran éxito en el campo periodístico, el cual aún está poco verde y hay mucho campo de expansión. (16 de marzo de 1929).

CAPÍTULO VIII

EL CAMPANARIO Y LA FLOR, CAYERON ANTE EL CONQUISTADOR

Dentro de esta corriente de denuncia social, surgen poemas que explícitamente reflejan el descontento de la colonización. Hay incluso algunos que protestan, critican y cuestionan la poseción norteamericana de Tucsón específicamente. Hasta en la agonía del periódico, entrados los años cincuentas, cuando el dominio es casi absoluto, aparecen versos que la resisten. Y aunque estas voces escasean, cualitativamente son muy significativas dada la tendencia liberal conservadora del periódico,[22] invaluables testimonios literarios de la dignidad, la defensa y la preservación cultural tucsonense.

En este rubro destaca indiscutiblemente un poema. No proviene de un autor que se caracterice por una estética literaria del realismo social, "comprometido", pero su crítica sin embargo es fuerte y reveladora. El mensaje adquiere mayor significado denunciativo porque el control anglosajón por esta época, mediados de los años cincuentas, es casi absoluto, lo que se evidencia con la desaparición del periódico años después a falta del apoyo económico del comercio hispano.[23] El poeta sigue conservando y defendiendo la identidad tucsonense, se resigna pero cuestiona la triste realidad de que el pueblo se ha perdido quizá de manera irreversible y hace un recuento nostálgico de una era hispana esplendorosa. El autor, Fred Valles, emerge de esta manera como el poeta por excelencia que captura la dimensión trágica y dolorosa de la penetración anglosajona, es el que conscientiza y prefiere los valores de lengua, costumbres, noción de patria y religión latinoamericana. Logra sintetizar el sentimiento colectivo de un Tucsón dominado, que se repliega asombrosamente a su identidad original amenazada desde hace un siglo. Su documento poético es, sin duda, ejemplo explícito y logrado de la resistencia, el más completo porque evoca y propone una especie de regreso feliz a la raíz, al génesis, como si se tratara de un viaje:

DE REGRESO AL PUEBLO

Por aquí jugamos, en la infancia...
Todo está alterado, diferente....
Ha desaparecido la fragancia,
Lo han modificado, derrepente...

MI LETRA NO ES EN INGLÉS

Los lindos árboles de los frutales,
En estío tan frondosos, los talaron,
Hasta los caminitos vecinales,
Rústicos y zarzosos, los cambiaron.
Las flores, surtidor y glorieta,
I alto campanario, despertador,
Cedieron al azadón y barreta,
Del nuevo propietario, conquistador.
A los nativos han desajolado,
No hay ferias ni mercados, bulliciosos,
Casas comerciales han instalado,
Todos van apurados..., recelosos...
Parece ahora un país Extranjero,
Perdió su aire ingenuo y natural,
El nativo es como forastero,
Han cambiado lo bueno y patriarcal.
Ya no hay rastro del pueblecito que fué,
Feliz, despreocupado, con sencillez...
Lo eléctrico, en cada casa se vé,
Lo han modernizado, con altivez.
Hasta la iglesia es hoy diferente,
I no convida a orar, con devoción,
La patrona del pueblo, está ausente,
Tiene modesto altar, con su halón.
Su antigua fama de milagrosa,
El campesino canta, con gran candor,
I en cada festividad religiosa,
Le muestra a su santa todo su amor.
Aleja a Dios, todo lo moderno,
Cuando se metaliza, con egoismo,
I prima todo el boato externo,
Que solo simboliza, paganismo.
En nuestro pueblo, ya somos extraños,
Solo la santa es igual, bondadosa,
Qué penosos son estos desengaños,
En propia tierra natal, cariñosa?....

Tucson, April 3 de 1953.
DR. FRED VALLES

Aun a pesar de su tendencia conservadora, *El Tucsonense* publica poesía que desprende cuestionamiento hacia el dominio anglosajón al mismo tiempo que pugna por la defensa de algunos derechos laborales, por el pasado y terruño sonorense-mexicano, por la dignidad de la raza y su identidad hispana. Y aunque no reproduce escritos del "Realismo social" o de poetas consagrados de este género que critiquen abiertamente el imperialismo norteamericano, no calla la conquista ni la colonización. Las voces que difunde, aunque con limitaciones expresivas o eufemismos, son muestras de la rebeldía, la protesta y la dignidad hispana en la región. La postura ideológica conservadora de la publicación, no obstó para que difundiera esta poesía que evidencia la sensibilidad, el humanismo y la conciencia méxicoamericana. Así como en la práctica social se dio una filantropía paternalista hacia los sectores más desprotegidos, así emergió como repercusión y respuesta una literatura de orientación, de solidaridad y de denuncia. La ausencia de resistencia física, se tradujo entonces en una de carácter cultural que en poesía consigna el bisemanario y que ahora combate en las letras chicanas como continuación y madurez.

Tucsón moderno y dominado ya por el estilo de vida angloamericano. Inicios de la década de 1930

CAPÍTULO IX

LOS DÍAS MÁS GRANDIOSOS DE LA HISTORIA

*L*os motivos de resistencia social se ven reforzados con poesía de carácter patriótico y heróico, uno de los temas más preferidos, en lo que sería otra continuación de los sentimientos nacionalistas incrementados gracias a las derrotas del filibusterismo y la expulsión francesa. Simultáneamente a los preparativos y celebraciones de tradiciones y festividades patrióticas, el bisemanario participa mediante la difusión de notas, artículos y literatura alusivos a las fechas. Promueve la organización de eventos y el nombramiento de mesas directivas o candidatas a reinas—"Señorita Josefina Murrieta candidata", 17 de agosto de 1922— principalmente para las fiestas de independencia del 15 de septiembre que tienen también un carácter religioso. Ello es porque la tradición tucsonense se inicia la celebración desde el mes de agosto en honor al patrono del pueblo, San Agustín, en unas festividades con "sentimientos y declaraciones de fe y patriotismo sinceros".[24]

Especialmente durante esos meses es cuando proliferan infinidad de poemas de temática patriótica que en menor escala, y dependiendo del calendario cívico mexicano, aparecen en el transcurso del año. Para comprobar la magnitud de los festejos y el sentimiento que manifiestan, baste simplemente señalar la edición que conmemora en 1921 el centenario de la consumación de la independencia de México. Además de publicar un suplemento especial que resume la importancia del suceso, de incluir poemas y biografías de los respectivos héroes mexicanos, aprovecha la fecha para difundir la historia del periódico y de Tucsón, reservando un espacio casi de plana entera para honrar a la señorita Rosaura Carrillo. Le reproduce su foto—como se aprecia aquí páginas adelante—colocando un marco de adornos ensoñadores, y dedica un "himno a la Reina de las fiestas del Centenario" de la romántica y modernista inspiración de Salvador E. Portillo, autor local que en prosa poética encumbra la magnitud de la:

¡REINA NUESTRA!

Somos campesinos de la vida, que venimos en alegre romería, de lejos, las manos llenas de rosas y laureles para tender una alfombra multicolor y odorante a tus piés. ¡Paso a la Primavera engalanada con su ropaje de céspedes y de flores!   ¡Gloria a tu Alteza!

Tres veces hurra a la vida que derrama sus mieles en los cálices de oro y terciopelo.

El cielo está de fiesta con sus flores de luz y sus lazos de adataide prendidos en las crestas de las montañas y llega a nosotros el eco lejano de sus músicas como clarinadas al despuntar de la aurora y las estrellas parecen brillar con claridad de sonrisas. Tucsón está de gala. Viste un manto de violetas, de rosas, de jazmines, de lirios y ostenta cintas de plata, de oro, de nácar. De sus forestas llega hasta nosotros como el rumor de un órgano gigantesco soplado por los pulmones de Eolo y sus cármenes y pensiles nos mandan un mensaje perfumado, con cintas de seda en los picos de los pájaros cantores.

¡Oh Reina nuestra! Para pintarte robaría al iris sus colores, al mar sus claridades, al cielo constalado sus diamantes, a las flores sus pétalos y a los lagos lunados sus penumbras.

¡Oh Reina nuestra! Para cantarte robaría a los bosques su coro, a los ríos sus murmullos y a los pájaros su canora gritería.

Cuanto de más bello existe en el cielo y en la tierra, es digno marco del cuadro de nuestra fiesta. Pero en ese cuadro te destacarías como foco de luz, como antorcha divina, tú, ¡Reina nuestra!, radiante como de materia sideral, blanca, envuelta en tus túnicas y velos cuajados de pedrería.

¡Hosana, Reina nuestra! Eres ruiseñor, lirio, fontana, girón de cielo y mar inmenso, con sus apacibles silencios y sus hermosos paisajes que rebozan el alma. Eres el enlace nupcial de la luz con el agua, de las aves con las flores.

Paso a tu Majestad engalanada con sus ropajes de esmeralda. ¡Gloria a tu juventud! Tres veces hurra a tu hermosura!

¡Hossana, Reina nuestra!

SALVADOR E. PORTILLO

No obstante el avance de la americanización, el periódico hasta el fin de sus días siempre es fiel en festejar animadamente la independencia mexicana. Esta persistencia es de nuevo otra muestra de su compromiso cultural que se manifiesta ahora a través de la poesía patriótica que, además, no se limita específicamente al grito de Dolores o a los héroes como el Padre Hidalgo. Existen asimismo una serie importante de versos dedicados o inspirados en otros personajes de la gesta como al Pípila, Allende, Bravo, provenientes tanto de poetas regionales como de los consagrados mexicanos.

No tan grandilocuente en un principio, reacciones sociales y literarias suceden en honor de la gloriosa batalla del 5 de mayo. No obstante, al paso del tiempo, paulatinamente va adquiriendo arraigo llegando, a juzgar por los trabajos publicados, igual o más celebrada que las fiestas de independencia. Actualmente, y por todo el suroeste norteamericano, el triunfo de Ignacio Zaragoza contra los franceses sigue festejándose con algarabía unificando a toda la comunidad hispana no sólo a la mexicana.[25] No es de extrañar entonces que cuantitativamente los poemas sobre el 5 de mayo publicados por *El Tucsonense* lleguen a superar a los del 15 de septiembre, fenómeno que en parte se explicaría en función de que se está conmemorando la derrota de un imperio como en el que se encuentran instalados. Esta poesía tampoco se limita a cantar estrictamente a la fecha, sino también a los héroes y participantes del triunfo bélico en especial a Zaragoza. El interés, igualmente, permanece hasta la agonía del periódico cuando la comunidad hispana se encuentra más segregada. No sorprende entonces que los poemas que publica de autores locales sean todavía cálidos y estimulantes, muestras ejemplares de la insistente resistencia cívica. En la última etapa, años cincuentas, Fred Valles alimenta el patriotismo al monopolizar las páginas con versos alusivos a la fecha mientras que, en los 30's, es el Dr. Arego quien promueve el culto y rinde homenaje a la victoria mexicana:

EL 5 DE MAYO 1862

Para "El Tucsonense"

Con insolente arrogancia
en que su honor naufragó,
tan solo se aventuró
a combatirlos la Francia.

España y la Inglaterra
salvo el honor satisfecho,
midiendo nuestro derecho
"zarparon rumbo a su tierra."
Fundada en la sinrazón
en que culminó la nota
aquella pérfida flota
que nos envió Napoleón.
No vió surcando los mares
el cruel y estulto invasor,
nuestra enseña tricolor,
tremolando heroico Juarez.
Las hostilidades rotas
contra justicia tan grande,
sobre torrentes de sangre
triunfaban nuestros patriotas.
Zaragoza como el rayo
que encendiese la gloria,
en los fastos de la historia
grababa el CINCO DE MAYO.
El Sol rasgando la niebla
al despuntar en Oriente,
envió de luz un torrente
sobre los muros de Puebla.
Los zapadores y zuavos,
huyendo legua tras legua
los perseguía sin tregua
el rigor de nuestros bravos.
Como consta en los anales
el parte de aquella victoria,
—"Hoy las armas nacionales
Hanse cubierto de gloria..."
El combate fue sangriento...!
pero gloriosa y radiante
nuestra bandera triunfante
ondeaba en el campamento
desplegada y esplendente

en su augusta majestad,
cual flor de la Libertad
Amparando el Continente...!

DR. AREGO
Glendale, Arizona 5 de Mayo 1933.

El 5 de mayo y el 16 de septiembre, con sus héroes centrales Zaragoza e Hidalgo, son los principales motivos de la poesía patriótica de la publicación. Las otras figuras o fechas celebradas son escasas o se relacionan directa o indirectamente con las primeras. Así, hay poemas a Benito Juárez, ligado a la resistencia contra los franceses, personaje que entre los méxicoamericanos se va a erigir más tarde como símbolo contra los dominios imperiales. Su culto también ayuda a construirlo la poesía de *El Tucsonense* quien ve en Juárez, además de su heroismo antiimperial, una especie de modelo liberal a seguir dada su trayectoria y formación en las logias y fraternidades como las que proliferan en Tucsón. No es casual que un miembro de una logia, José Castelán, elabore un ingenioso poema inspirado en la frase más célebre del patricio. No olvidó conmemorar los 58 años del fallecimiento de Juárez, 18 de julio de 1930, en un poema que ostenta el preventivo de que la fecha "será eternamente un día luctuoso para México", pide votos "al supremo hacedor del universo" para la bendición de don Benito quien, resalta, es nada más y nada menos que el padre "de nuestra segunda independencia":

AL INMORTAL JUÁREZ

¡Oh Juárez.........EL............pueblo todo
con gran.........RESPETO..........y cariño.
desde el viejo.....AL..........tierno niño
tienen..........DERECHO........a tu amor
nadie es.........AJENO..........a estas honras
pues tu tumba.....ES........Altar Santo
donde se alza......LA........Patria un canto
de gloria y.......PAZ...........en tu honor.

JOSE CASTELÁN

Tampoco faltan versos de corte patriótico, digamos puro, que no tienen referencia inmediata a héroe o fecha alguna. Cantan en abstracto a la noción de patria o a sus representaciones como la bandera. De esta característica, son los poemas que abundan al inicio de la publicación que, como ya se anotó, es el período revolucionario que produce oleadas de inmigrantes con su consecuente frescura mexicana. Después del conflicto, no obstante, siguen apareciendo intermitentemente sobre todo los que tratan sobre los símbolos nacionales. Los hay al México adolorido por la violencia de la guerra, lamentos porque la situación no mejora, de amor al terruño abandonado a la fuerza, deseos y esperanzas por el bienestar del país, motivos todos que ayudan a reforzar y a mantener la resistencia y valores patrios. Lea este de Juan Castro del 24 de abril de 1915, a un mes después de la gestación del periódico, cuando las batallas revolucionarias están en su apogeo:

A LA PATRIA

*¡Patria! tu dulce nombre que ayer vibró en mi oido
como el rumo de un beso, de una caricia ardiente,
hoy de mis labios brota como un triste gemido,
como el acento que habla de una queja doliente...*

*Hoy tu sagrado suelo, donde ayer ve encendido
el ideal más noble de un pueblo independiente....
Hoy tu suelo se mira por la sangre teñido:
¡la sangre de tus hijos, que ha manchando tu frente!
¡Oh, patria de mil héroes que en la severa Historia,
son un timbre de orgullo, son símbolos de gloria,
por sus nobles proezas y su ardiente civismo!...*

*El arcángel radioso de la Paz, ¡dónde se halla?
Se alejó...y hoy tan sólo se contemple un abismo:
¡la lucha fratricida que por doquier estalla!...*

JUÁN CASTRO

Destaca señalar que nunca ningún año pasa desapercibido en celebrar poéticamente alguna fecha patriótica, mucho menos las dos principales. El periódico incluso se erige como una especie de guardián que exige y presiona para que la comunidad no descuide u olvide los festejos. Y si no se vislumbra celebración alguna, si la sociedad civil cae en el desinterés o apatía, lo denuncia con artículos y notas en las primeras páginas. Los editores parecen razonar que con tan incalificable indiferencia se está corriendo el riesgo mortal de diluir el orgullo o la identidad patria. Aparecen así los "No haremos nada el 5 de mayo" del primero de mayo de 1919 o "Una extraña coincidencia está ocurriendo" del 26 de julio 1924, cuando algunas candidatas renuncian a la competencia de la reina de independencia.

Los redactores son conscientes de que detrás hay un país, una historia, una tradición de decenios, una costumbre que se venía imponiendo también en el poblado desde la mitad del siglo XIX. La función de vigía llega incluso al extremo de alcanzar la inspiración poética porque en los casos de decaimiento del espíritu patriótico, sobre todo durante las primeras décadas del siglo XX, surgen versos como los dedicados a "la simpática Señorita Natalia Siqueiros, con motivo de su renuncia en el concurso de simpatía" para las fiestas patrias de 1924. Escrito en su honor, desafortunadamente fue merecedora del siguiente llamado de atención por parte de Manuel J. López que poéticamente le insta a continuar en el concurso con un

SIGUE !

A la simpática Señorita Natalia Siqueiros, con motivo de su renuncia en el concurso de simpatía, organizado por la Junta Patriótica Mexicana.

Sigue en el concurso, triunfadora
te verán tus amigos, no abandones
la lid en que seréis la vencedora
aunque tus adversarias tienen dones
cual tú, de gentileza y hermosura,
no podrán alcanzar la simpatía

*que tu gracia, sentada tiene ya.
¿Por qué si ha sido tu cariño tanto,
en ocasiones mil manifestado
hacia los héroes del terruño santo,
desprecias el honor que os ha tocado,
al pretender que fueseis, soberana
la reina de las fiestas a la patria?
Tú, que eres tan buena mexicana,
que puedes ostentar muy orgullosa,
en tu pecho la insignia nacional,
y en tu frente serena y majestuosa,
ceñiros la diadema de brillantes
conquistada al impulso vigoroso
de tus muchos encantos y belleza,
sigue en el concurso, amiga mía,
y perdona mi súplica, va unida,
a la voz general, a la que un día,
te aclamó delirante y conmovida.*

Tucson, Az.
MANUEL J. LÓPEZ

Esta poesía patriótica reforzadora de la identidad mexicana, resalta su carácter de resistencia cuando es comparada con la escasa literatura publicada por *El Tucsonense* honrando las fechas cívicas norteamericanas. Aunque no las evade ni mucho menos las niega, nunca muestra sin embargo la algarabía y calor como cuando celebra las mexicanas. Contrasta el que no divulgue una variedad y cantidad de poemas dedicados, por ejemplo, al 4 de julio o los triunfos y héroes "yanquis" forjadores de la nación estadunidense. Por diplomacia, cortesía, coqueteo político o hasta como muestra de cultura o temor, aisladamente recibe y publica versos, por ejemplo, a Washington como los de este autor que, hábilmente, le llama Jorge, no George, así en español como está todo el poema:

JORGE WASHINGTON

EL 4 DE JULIO

Ecos del alba sonriente,
por la ancha esfera volad:
¡Hoy nació en el Continente
el Sol de la Libertad!

Tumbos del mar imponente,
en vuestra furia cesad:
¡Alza la Estátua su frente
tocando la inmensidad!
¡Washington: vas con la Gloria
por los fastos de la Historia!
¿Qué más se puede pedir
a quien todo ha consagrado?
¿A quién destrona un pasado
cimentando el Porvenir...?

ANÓNIMO
4 jul 1929

La preferencia patriótica por México manifestada en poesía se refuerza aún más por el hecho de que no existe año en que no se publique un poema en ese sentido e incluso cuando no hay fecha especial. En las contadas ocasiones en que no recibía material nuevo, cuando evitaba repeticiones o descartaba la comodidad del "relleno" de algún poema consagrado, ni así la fecha patriótica pasaba desapercibida. En última instancia o urgente recurso, los editores acuden a un decoroso Himno Nacional Mexicano, como el del 5 de mayo de 1957 que, verlo ahí solitariamente estampado, adquiere también una sensación de despedida y agonía ya que es el último año en que la publicación se imprime. Es, pues, un digno y desesperado final para una historia de decenas de años de preservación y orgullo patrio que abre el camino para las resistencias sociales y políticas que ya se están gestando y que brotarán incontenibles en los años sesentas junto con poesía.

Reina de Tucson Srita Mercedes Valdez. Reina de las Fiestas Patrias Mexicanas del Salón Riverside que presidirá el domingo en dicho centro de recreo el festival del Cinco de Mayo (1935)

Reina de Phoenix. Srita. Ramoncita Valenzuela Reina de Phoenix, que como huesped de Honor estará en el Festival del Día 5 en el Salón Riverside.

CAPÍTULO X

VIRGEN, NOSTALGIA POR EL PENDÓN TRICOLOR

El encontrarse habitando en suelo extranjero, no obstante sentirlo en ocasiones como suyo, no impide el surgimiento de una poesía sentimentalista a manera de desfogue o refugio para mitigar la distancia del terruño o aliviar el acoso del ambiente extraño donde los poetas se encuentran inmersos. Esta reacción se apoya además en un tipo de poesía religiosa, de corte patriótico y nostálgico, y en otra de carácter panegírico que pondera y exhalta las virtudes del grupo social y familiar que los cobija. Nostalgia, religión, familia y amistad, es la respuesta poética al no poder resignarse a vivir en un habitat que lentamente es transformado al "American way of life", es decir, cada vez les resulta menos cómodo y familiar.

Existe una abundante producción de poemas de corte nostálgico y triste, testimonio del llanto por haber dejado el suelo mexicano, sea por el exilio o autoexilio a causa de movimientos políticos o bélicos, por la búsqueda de nuevas oportunidades de vida e inclusive por la pérdida territorial. Estos versos dan la sensación de no querer aceptar la resignación de quedarse a vivir en el nuevo ambiente ya que no les acoge como el lugar nativo. Se resisten, no se dejan asimilar fácilmente, rechazan sentimentalmente una sociedad que les parece extraña y los aleja de la patria original. Físicamente se descubren en un raro ambiente pero el corazón aún vuelve hacia atrás, se niega al presente y acude al pasado, a la distancia, como en este ejemplo en donde la soledad y la tristeza es insoportable porque surge un

RECUERDO A COLIMA

A las Sritas, Sahara, Cármen
y Juana Amouroux.

Ausentes de los seres que adoramos
Y de la hermosa tierra en que nacimos,
Con el recuerdo y el dolor vivimos,
En el largo destierro por que vamos.

Mi letra no es en inglés

Fijos llevamos siempre en nuestra vista,
Aquellos campos, selvas y paisajes,
Que en vano hemos buscado en nuestros viajes
Y cuya ausencia nuestro sér contrista.

Lentamente la vida se consume,
Sin escuchar los pájaros cantores,
Y sin sentir que el viento, de las flores
Trae, con mil ensueños, el perfume.

Ya no suena la tierna serenata
Que suspiraba al pié de los balcones,
Ni del amor las lánguidas canciones
En las noches románticas de plata.

Más azul que este cielo es nuestro cielo,
Más brillante la luz de las estrellas,
Más hondos los lamentos y querellas,
Más profundo el placer, más dulce el duelo.

A la lumbre del sol, la primavera
Esmaltaba de flores los collados,
Y en los montes, llanuras y vallados,
Parecía reír la vida entera.

Y en contraste sublime, la hermosura
Del soberbio volcán y del océano,
Para inspirar el ideal humano
¡En sueños infinitos de ventura!

Y contemplando hoy, Patria, tus dolores,
Y pensando en tu gloria y tu belleza,
Crece, con la nostalgia y la tristeza,
Tu amor, ¡que es el amor de los amores!

Santa Bárbara, Cal. enero 11 de 1919.

SÓSTENES J. JARAMILLO.

Estos sentimientos poetizados, como podría creerse, no sólo imperan al inicio del periódico cuando arriban los nuevos inmigrantes. Al contrario, es una constante permanente y la nostalgia y tristeza se mezcla con el amor a la patria, a un ser querido, la sensación de abandono y soledad, un sentimiento trágico de la vida, pesimismo por el presente y futuro, reacciones que brotan hasta en las últimas ediciones de los años 50's como en esta paráfrasis que combina angustia, confusión, necesidad patriótica:

LA GOLONDRINA!

A donde ira veloz y fatigada
la golondrina que de aquise va,
Oh si en el viento genira angustiada
buscando abrigo y no lo encontrara !

Junto a mi lecho le pondre su nido
en donde pueda la estación pesar;
También yo estoy en la región perdido
Oh cielo santo y sin poder volar!

Deje también mi patria idolatrada.
esa mansión que me miro nacer;
Mi vida es hoy errante y angustiada
y ya no puedo a mi mansión volver!

Ave querida, amada peregrina,
mi corazón al tuyo estrechare;
Oiré tu canto tierna golondrina,
Recordaré mi patria y lloraré!

ANÓNIMO

La búsqueda de refugio, dolor por el suelo extrañado o de rechazo al habitat invadido, no sólo se manifestó a través de la nostalgia y soledad poética, sino también a través de versos de carácter religioso. La fuerte impregnación de cristianismo y guadalupanismo hacen de estos versos otro nuevo rasgo de resistencia al oponerse al protestantismo pragmático anglosajón. Asimismo, contienen una marcada asociación con el sentimiento patriótico acentuándose su carácter reforzador de identidad.

Esta religiosidad es explicable y se remonta hasta los orígenes del poblado cuando desde entonces los tucsonenses se consideran los herederos del catolicismo de "tradición latinoamericana" y los "verdaderos representantes de la cultura y la civilización en el sur de Arizona". Se niegan a ser los simples vecinos de los angloamericanos cuyo protestantismo contrarrestan mediante la apertura de escuelas católicas para que los hijos hispanos "no se contaminaran completamente bajo el contacto de los niños anglosajones y su irresponsable e inexplicable mala conducta".[26] Construyen, además, iglesias y la propia catedral de San Agustín, patrono de Tucsón, a quien le festejan anualmente y le dedican poemas.

Este ímpetu religioso vertido poéticamente, procristiano y patriótico, abunda en toda la existencia de *El Tucsonense;* lo es tanto que dedica secciones especiales exaltando a deidades, santos y vírgenes católicas entre la que destaca la Guadalupana. Ella es la que va a acaparar la temática, encarna la mezcla entre el fervor religioso y patriótico, es la protectora contra el paganismo y creencias protestantes, la que intercede y recibe la solidaridad con la familia, el país, el pueblo al sur de la frontera como lo apunta esta dedicatoria:

A LA VIRGEN DE GUADALUPE

(Con especial cariño para mi buen amigo Sr. Ricardo Fierro)

Por FRANCISCO S. GALLEGO

Oh, Madre Querida! Virgen Guadalupana!
Escucha desde el cielo de tus hijos el cantar,
Hoy, con anhelo, la Patria Mexicana
Llega a tu santuario tus plantas a besar.

Tu fuiste la Madre que animaba al combatiente
Cuando Hidalgo nos dió la Independencia,
Por eso el soldado patriota y reverente
Desde entonces implora tu clemencia.

    El corazón del pueblo mexicano
    En esta fecha venturosa
    Le canta alegre y ufano
    A la virgen mas hermosa.

    Le canta por que es ella
    La que impulsa el patriotismo,
    La que alumbra cual estrella
    De nuestro suelo el abismo.

    ¡María de Guadalupe!
    ¡Madre de Juan Diego
    ¡Virgen morena del Tepeyac!

Tuyos queremos ser, escucha nuestro ruego
Mitiga nuestra pena en la tierra, en el aire y en la mar.
Y en el postrer momento, celestial belleza
Cubranos tu manto y llevanos al cielo,
Que en mi Patria no halla llanto ni tristeza
Que todo sea paz, delicia y consuelo!

Tucson Arizona Diciembre de 1942

En la búsqueda de refugio después de la nostalgia y la religión, los poetas acuden también a los lazos familiares, al grupo social o al barrio como medios de autodefensa, de protección y de preservación cultural. Promueven así la unidad familiar, en contraposición a la debilitada estructura familiar anglosajona, cantándole al padre, al hermano, a los hijos y, sobre todo, a la madre, centro y motor de la unidad, en una actitud de preservación de la familia al estilo latinoamericano.

Los poemas a la madre proliferan de principio a fin de la publicación y no sólo se publican en mayo, cuando comercialmente se ha declarado el día oficial, sino indistintamente a lo largo del año lo que da una idea del amor y culto que le rinden. Le dedican elegías cuando está ausente físicamente, cantan al simple y puro amor maternal, la colocan en alturas divinales o le agradecen su función en la familia. Pero además, sorprendentemente por su rasgo de resistencia, se le asocia con la patria conformando el triunvirato de apoyo y de refugio para resistir las presiones: Madre-familiar, Madre-Virgen y Madre-patria, motivos que magistralmente quedan sintetizados en el poema a

MIS TRES MADRES

En hermosa noche de luna
Contemplaba el firmamento
Y por mi mente vagaba
Un sublime pensamiento.

Pensaba: ¿no es una gran fiesta
Pensaba: ¿no es una gran fortuna
Tener tres madres queridas?
Madres, que cual ninguna
Serán siempre preferidas.

De una, su bondad me enorgullece
Y es la que me trajo al mundo
Por eso siempre merece
Cariño y amor profundo.

México, mi madre Patria
¡Oh! qué madre tan hermosa!
¡Qué bella, qué llena de gracia!
Por ella, mi corazón de júbilo
   rebosa.

Es mi madre la del cielo
La que mira con piedad
De ella imploro consuelo
Y lo recibo en raudal.

Así pasaron las horas
La luna se ocultó
Y de estas tres bellas señoras
La imagen en mente se quedó.

FRANCISCO S. GALLEGO
Tucson, Arizona, a 18 de junio de 1930.

Además del recogimiento triste y religioso, la protección familiar con la madre a la cabeza, todo ligado a la nostalgia por la patria, también liberan motivos poéticos que elogian al grupo social. En él encuentran protección, resistiéndose así al expresar y buscar cobijo para no ser absorvidos de lleno por el sector dominante. Racismo, injusticia laboral, competencia comercial o marginación, los hace replegarse hacia los barrios, clubes sociales, círculos de amigos y fomentar la amistad y la solidaridad.

Le cantan así a logias y otros organismos que ofrecen ayuda moral y material, se reproducen poemas exaltando los lazos amistosos o los éxitos de personajes u organismos de extracción hispana o mexicana. Brindan por el solaz y cobijo encontrado, por la ocasión feliz de festejar los logros colectivos, en un ambiente ya difícil, que despiertan sentimientos de estima. La "Casa Jacome", fundada por sonorenses, cumple en 1946 medio siglo de vida, y un poeta anónimo celebra y exhalta que "Tucsón se siente muy orgulloso/De esta divisa y le desea/Que cada día sea más poderoso!". Es una declaración de que pueden y han tenido alcance comercial como los norteamericanos.

O surgen poemas exhaltando simplemente la amistad, los éxitos artísticos, sociales, políticos y hasta los actos de héroes locales que la prensa "gringa" pretende minimizar. Hay resistencia en el sentido de darle el valor y la dimensión a estas figuras como el personaje del poema siguiente que se le reconoce, se le dignifica y celebran su heroismo y humanismo. Los versos son transcritos en primera plana, con foto y nota del héroe Aurelio García, destacando así su valentía que en 1931 evitó una mortífera desgracia :

AL SR. AURELIO L. GARCÍA
18 De Julio de 1931—12 De Abril de 1952

Ondas de gloria le llegan a la lira hispana
Para que sus notas nos canten el acto heróico.
Con que García nimbara su sangre mejicana,
Con un rasgo único, temerario y estóico.

La planta del gas ardía, el agua no la apagaba,
Inútiles eran los esfuerzos de los bomberos...
Una larga tubería de gas, la alimentaba,
El descomunal tambor, le daba sus veneros.

Pronto el gran gasómetro iba a explotar,
Amenazaba mortal catástrofe a Tucsón...
Solo cerrando una alta llave su podía evitar
I Aurelio subió y desconectó la circulación.

Entre llamas y por las mangueras protegido,
Arriesgando su vida, el gran peligro conjuró...
Luego el voraz incendio, fué pronto extinguido,
I cada uno de los presentes, lo felicitó.

El pueblo, la prensa y toda la comunidad,
Conmovida, agradeció tal acto sinigual,
I creció nuestra raza, por tan grande heroicidad,
Colocando a García en ínclito pedestal.

Los Leñadores del Mundo, con amor fraterno,
Una Placa obsequian a su héroe Leñador,
Para que sea un honroso recuerdo eterno.
Por su altruista arrojo, de magistral valor,

Tucsón, Arizona.
DR. FRED VALLES.

CAPÍTULO XI

JUGAR CON NUESTRO IDIOMA EXCELENTE

La resistencia cultural no sólo se lleva a cabo a través de versos semánticamente explícitos. El simple manejo del idioma español es en sí un esfuerzo por preservarse. En una verdadera batalla lingüística, los editores evitan la intervención de anglicismos o los rechazan definitivamente en su misión de fomentar, reproducir y preservar la lengua hispanoamericana. Esta mística editorial, se remonta hasta el momento mismo de la ocupación del poblado cuando los sonorenses que se quedan siguieron conservando el castellano como la "lingua franca" para sus propósitos comunicadores. El inglés, en cambio, tendrá un carácter utilitario para sobrevivir y confrontar a la cada vez más fuerte sociedad anglosajona.[27] El español permanece entonces entre la familia, el barrio, es el medio para continuar las raíces y el contacto con la latinidad. En esencia, es el vehículo artístico y del pensamiento indispensable para preservarse como pueblo hispano.

Además de imprimirse en castellano, *El Tucsonense* continúa renovando el idioma mediante la difusión de artículos y poemas que explícitamente defienden sus alcances gramaticales y literarios. Exponen su belleza, evolución o perfección; cantan y analizan sus virtudes lingüísticas como queriendo plantear la necesidad de que la contraparte norteamericana se acerque, se interese y hasta domine "nuestro idioma excelente" como lo dice un verso. Esta intencionalidad se observa en el ensayo "El habla castellana con fuerza", del 8 de enero de 1925, mientras que poéticamente, en una especie de metalingüismo, se muestran las habilidades sintácticas que logra la lengua de Cervantes cuando se trata de

JUGAR CON LOS NOMBRES

*Te voy, lector a probar
que nuestro idioma excelente
se presta a juguetear
con los nombres de la gente.
   Patro anoche fué al teatro
y también fué Salvador,*

*y éste allí le habló a su patro...
a su patrocinador.*
 *Lola dijo a Luis Urquiola:
—Sigo con me enfermedad.
Y él entonces dijo:—Lo la...
lo lamento de verdad.*
 *La mujer de Enrique
  Ubrique
dá sablazos por ahí,
y si pide es para enrique...
para enriquecerse así.*
 *El marido de Inés, es
poco digno de amistad,
y lo achacan a su ines...
a su inestabilidad.*
 *Tiene Telésfora Yeles
a un astrónomo chiflao,
y él se fué ayer con su teles...
con su telescopio al Grao.*
 *Una castañuela basta,
de la Casta, se perdió,
y tendré que ir por la casta...
por la castañuela yo.*
 *Sinfo me tocó en Ardinfo
un preludio musical.
Nunca conocí una sinfo...
una sinfonía igual.*
 *De la Celes fué Rendueles
novio hasta su defunción,
y al fin se coló en la celes...
en la celestial mansión.*
 *Paula preguntole a Caula:
—¿Cómo se hizo rico usté?
Y la dijo Caula:—Paula...
paulatinamente fué.*
 *Le dió Paca una butaca
para un cine su Colás,
y la dijo:—En Cambio, Pa ca...*

pa café tu me darás.
Ya ves como, a no dudar,
nuestro lenguaje excelente,
se presta a juguetear
con los nombres de la gente.

ANÓNIMO

Esta resistencia lingüística, puesto que intenta defender en un medio anglosajón un idioma evolucionado con una tradición de siglos, pone énfasis en respetar los usos normativos de la lengua y trata de imitar y rescatar los modelos poéticos de los escritores consagrados. Las excepciones serían en aquellos trabajos de corte popular que por su arraigo y tradición reproducen, como se vio en capítulo especial, la identidad mexicana. Se tiene así que la poesía que publica, con mucho el género mayormente reproducido en el periódico—aspecto que parece seguir la idea del poema como la forma más elevada de las letras—es escasa en faltas de ortografía, no se excede en el uso de modismos regionales y es en extremo cuidadosa en cuanto a versificación y presentación. Esta preocupación, que me atrevo a afirmar es otro criterio para dar cabida a la poesía que publican, es muestra del esfuerzo por dignificar y cualificar el idioma en el área de Tucsón. Este cuidado lingüístico, significa también que los poetas tucsonenses y los editores son o intentan ser conocedores de las habilidades y capacidades creativas de la lengua española.

Con este bagaje y conciencia literaria, se producen y toleran hasta los casos más excéntricos de experimentación, verdaderas proezas y homenajes a las posibilidades del idioma que fomentan. Así, en una inspiración simultánea a las complejidades creacionistas del poeta chileno Vicente Huidobro,[28] ya en los años 20's Maren surge vanguardista al recurrir, agonizando de nostalgia, a la técnica plástica del caligrama para expresar su duda, tristeza y dolor en un gran signo de interrogación poetizado:

¿Por qué no me escribes pedazo de mi alma? ¿Por qué es que me niegas tus cartas que endulzan mis penas? ¿Que ya no me quieres? ¿No sabes mi vida lo mucho que sufro por tí? ¿Por qué ese silencio? Si en algo me culpas ya no me castigues tan duro mi Amor. Tú me haces más falta que'l sol a las plantas. Más falta me haces que al Cielo hace DIOS. Te busco, te llamo, te grito, te escribo, te sueño y... espero el "mañana" me traiga noticias de tí. Mas todo es en vano. Olvidas que existe en San Diego tu hija, tu hija que tanto te ama

¿
???
MAREN
???
¿

S. Diego, Calif., marzo 26 de 1927.

Esta tendencia normativa, formalista y versificadora no es por supuesto inflexible ni mecanisista. Así como toleran la inclusión de poesía popular mexicana, también muestran apertura en aceptar necesariamente prestamos lingüísticos. Dado el ambiente anglosajón dominante, visualizan resignados que es imposible evadirse y acaban incluyendo vocablos en inglés a medida que el bilingüismo se extiende. El intercambio, sin embargo, como el castellano con el árabe, no resulta en un serio atentado hacia la permanencia del idioma nativo sino en un enriquecimiento. El poeta es capaz de plasmar otras temáticas, crear léxico, moverse con mayor capacidad expresiva para poder reflejar ahora la nueva y compleja realidad bicultural en la que se instala. Es evidente, pues, y sucede en las sociedades dominadas,[29] que la presencia hispana y su lengua en Tucsón queda asegurada pero ha de sentir la influencia y los efectos del idioma y la sociedad anglosajona. Lo que llama la atención es que el español, por contraste, suele resultar en ocasiones más cautivante ya que cuando el uso de anglicismos prolifera, cosa rara, el ideario hispano sigue indisolublemente presente. Y en los pocos poemas reproducidos que presentan el impacto, se adaptan términos en inglés pero sigue dominando y prefiriendo el castellano. Los siguientes poemas muestran ambos casos, y el primero, a pesar de la breve inclusión angla, tiene un dejo de crítica hacia lo norteamericano tendiéndose en favor de lo hispano:

¡NO ERA DE LA RAZA!

Yo ví su tez morena
y sus ojos muy grandes
y negros, bajo el arco
de sus cejas triunfales.

Ví su cabello oscuro;
ví la rosa de carne
de sus labios divinos,
jugosos y sensuales.

Ví como caminando,
balanceaba su talle

*con esa aristocracia
graciosa del donaire;*

*Ví todo cuanto tienen
de seducción amable
nuestras fascinadoras
mujeres tropicales.*

*Y busqué sus pupilas
para en ellas quemarme;
y aspiré en sus cabellos
perfume de la tarde.*

*—Reina, tu carne blanca
y el divino contraste
de tus cabellos negros
lograron inquietarme.*

*Yo soy rendidamente
tuyo en amores. Dame
la limosna piadosa
de una mirada amable.*

*de una leve sonrisa,
de un tocamiento suave
de tu mano de seda
en mi mano anhelante.*

*Reina: vas a quererme?
Amor: vas a adorarme?
Y ella me dijo entonces:
—I don't speak spanish!*

No obstante la excesiva impregnación anglicista del siguiente poema, su contenido se tiende también en favor de la cultura hispana. Nótese una especie de romanticismo cómico al abordar el tema del amor latino ahora expresado en "spanglish"

AMERICAN LOVE

—Cows and pigs and plenty sheep.
O my darling, I love you!.
De veras? pues I do not.

—Continuamente in my thought
La tengo presente a you:
Ha tiempo no puedo sleep,
Thinking tan solo en usted.

—It is no matter of mine,
I peacefully sleep and well,
And eat also very fine.
No querer luna de miel.

—O miss, ¡cuanta ingratitud!
Take this flower, por favor.
—And what is a flower for?

—It means the love what that is;
No time to lose and good by.

—Wait, wait un momento, miss,
And you will see whom am I:
My love it todo for you,
Pongo a your disposición
My farm and my money too
Con todo my corazón.

—Have you a farm?
                Yes, of course.

Pues then I also can't sleep.
And have you many a horse?

—Cows and pigs and plenty sheep.
I have whatever you please.
Do you love me?
              Very well.

—I'll be for ever your miss;
Mi querer luna de miel.

A. RUBBER-NECK.

El Tucsonense, pues, tan temprano como en la década de los veinte, comienza a presentar estos "enrarecidos" poemas que experimentan con anglicismos, joyas literarias y testimonios de que la poesía chicana y el manejo del "spanglish" se remonta hasta los inicios del siglo XX y finales del XIX. Aquí están las raíces del pachuquismo, del caló regional o del habla fronteriza. Estos poemas híbridos son los antecedentes de la temática méxicoamericana caracterizada por su biculturalidad, que acaba por definir una cultura propia, que se inclina más a lo hispanoamericano en una resistencia permanente que aún sigue luchando, madurando y conservando hasta el presente.

CAPÍTULO XII

NERVO Y DARÍO RESISTEN EN TUCSON

La modalidad de reproducir poemas de autores consagrados de las letras hispanoamericanas, fue una práctica habitual de *El Tucsonense*. En un contexto latinoamericano esta decisión editorial cumpliría la tarea elemental de difundir a los grandes maestros con propósitos de placer estético, un sentido pedagógico, de entretenimiento o de actualización en cultura general. Pero en un ambiente de dominación y control anglosajón, como es el caso de la comunidad hispana de Tucsón, la publicación de poemas consagrados, además de las funciones antes descrita, adquiriría nuevas dimensiones ligadas con la resistencia. Los clásicos cumplirían la tarea de preservar, reforzar y continuar la tradición literaria y cultural iberoamericana en un intento de refrescar las raíces desde suelo original.Estos trabajos estarían señalando que el idioma español contiene las potencialidades expresivas y lingüísticas que lo colocan en el plano de las letras universales y, por lo tanto, existen motivos fundamentados para inculcar mayor conciencia literaria y obligada identidad para el hispano. Sugieren, presentan y demuestran la sensibilidad, imaginación, historia y corrientes estéticas, en fin, la cosmovisión latinoamericana en un afán de combatir prejuicios y demandar respeto y dignidad.

Es entonces explicable que *El Tucsonense* de seguido coloque a los clásicos autores hispanoamericanos junto con lo más destacado de las letras universales de la época, finales del siglo XIX y principios del XX. En igualdad de calidad, contenido y estructura que otras en el mundo. Se ven así reconocidos escritores de la lengua hispana, como los señalados en el apéndice II, junto con trabajos de Benjamín Franklin, Oscar Wilde, Víctor Hugo o León Tolstoi. La poesía en español, y en ella la mexicana, a la altura de las otras.

Por su origen, calidad y renombre romántico modernista, Amado Nervo es el poeta mayormente reproducido en las páginas de *El Tucsonense*. Le siguen Luis G. Urbina y Rubén Darío, este último con el prestigio de ser el creador del Modernismo, primer movimiento estético literario de cuño latinoamericano, que el periódico destaca como un ejemplo y logro de las capacidades artísticas hispanoamericanas, un motivo más para acrecentar la estima colectiva.
. Las reproducciones de ellos, como del resto de los consagrados,

no son mecanicistas, meros estampados, elementos decorativos o simples rellenos. El periódico no parece seguir solamente la moda literaria de la época, sino se vislumbra un criterio de selección que encuentra relación con su proyecto de resistencia. Además de incluir lo más logrado y popular de sus poemas, trata de informar sobre la biografía y dimensión literaria, sobre todo de Nervo y Darío, a veces hasta en sus mínimos detalles como lo muestran las notas publicadas al respecto—"Va a México la poetisa Gabriela Mistral", 29 de junio de 1922. "El crucifijo de los poetas"—sobre Darío y Nervo—15 de septiembre de 1921. "Los últimos días de Rubén Darío"—5 de septiembre de 1922.

Los autores prestigiados, de quienes también el bisemanal reproduce lo más importante de sus crónicas y prosa, son también fuente de inspiración, en forma y contenido, para los poetas locales. Nervo, Darío, Urbina, etc., se consideran héroes literarios dignos de ser seleccionados como modelos en el manejo del idioma, en contenidos proraíces latinoamericanas, capaces de ser un auxiliar para la revitalización de la identidad y la demanda del respeto anglosajón. Además, tienen la cualidad adicional de que no representan amenaza ideológica radical que atente las bases sociales y económicas capitalistas. Los editores se limitan a utilizarlos para la defensa de la hispanidad.

Es entonces que el proyecto de resistencia cultural de *El Tucsonense* se ve reforzado tan sólo con reproducir la calidad, valor literario y renombre de cualquiera de los poetas consagrados. Sin embargo, el criterio de selección de los editores permite que se aumente la carga semántica pro defensa de lo hispano. Son hábiles al escoger poemas claves que refuerzan los elementos y motivos culturales del patriotismo, panamericanismo, amor a la madre, paisajismo regional, valor del idioma, contenidos pedagógicos o de nostalgia por el terruño. Divulgar a los autores clásico, pues, robustece la identidad, consolida la misión de resistencia y apoyan la heroica tarea de rescate implementada por los autores tucsonenses, regionales y fronterizos.

Tempe, Arizona, USA.
Hermosillo, Sonora, México.
Julio 1989-marzo 1990.

El Crucifijo de los Poetas

En febrero de 1916, en León de Nicaragua, su patria, después de haber recibido con piadosa unción los últimos Sacramentos, murió Rubén Darío. Regalo de Amado Nervo, el místico, era el pequeño crucifijo de plata que tenía sobre su corazón al expirar. Persona que estuvo presente relata el siguiente episodio, ocurrido poco después de la última llegada de Darío a León.

El primer día fué acostado en el catre de una persona amiga que espontáneamente lo facilitara; pero Darío exigió que se comprara un catre nuevo.

—Quiero morir en una cama mía,—dijo.

Al otro día compraron uno, y lo trasladaron a "su" catre, y apenas acababan de hacerlo, exclamó:

—Tráiganme al que duerme conmigo.

—¿A quién?—le preguntaron.

—Al que duerme conmigo, al Santo Cristo.

Se lo llevaron; lo besó y lo colocó bajo las almohadas.

Y todos los días, al despertarse, buscaba el Cristo de plata, lo besaba y, cerrando los ojos, elevaba a Dios su oración matinal.

Tres años después, en abril de 1919, moría en Montevideo, Amado Nervo. Muerto Darío, el crucifijo de su última hora había vuelto a las manos del místico poeta mejicano, quien siempre lo llevaba consigo. Juan Zorrilla de

NOTAS

1 Puccini, Darío. *Romancero de la resistencia española*. Pp 17-8.

2 Acuña, Rodolfo. *América Ocupada*. Pp 9-16.

3 En Montaño Aragón, Mario. *Antropología Cultural Boliviana*. P 226.

4 Citado por Luna, Francisco en *Tres de asada y uno de machaca pa'llevar*. P 15.

5 Dato en "Hacia una nueva bibliografía de revistas y periódicos chicanos", en *La Palabra*. Vol. 2. Num. 1. P 67.

6 En la "Introducción" de *La Palabra*. Vols. 6 y 7. Nos. 1 y 2. P 1.

7 Ríos, Herminio y Lupe Castillo. "Toward a true chicano bibliography". *El Grito* Vol. 5, No. 4. 1972. Pp 38-47.

8 Los poemas aquí reproducidos tratan en lo posible de provenir de autores locales o regionales y ser copia fiel del original publicado. Siempre remítase al apéndice en caso de que no aparezcan fechas, autores, lugar de producción, edición y página de cuando se editaron.

9 Para la pacífica reacción mexicana respecto de la ocupación anglosajona de Tucsón, remítase al capítulo dos, "The Anglos Arrive", en Sheridan, Thomas. *Los Tucsonenses*. Pp 21-40.

10 Semo, Enrique. *México un pueblo en la historia*. Tomo 2. Pp 61-62

11 *Historia General de Sonora*. Tomo III. Distintos autores. Pp142-9.

12 Luna, Francisco. Op. Cit. P 52.

13 Sheridan, Thomas, Op. Cit. Pp 102-3.

14 Para la fecha de aparición y línea editorial consúltese *El Tucsonense*. Marzo 17 de 1923. P 5. Datos biográficos de Francisco S. Moreno en la edición del 15 de marzo de 1919, sin página. Su fallecimiento en el número del 9 de mayo de 1929, P. 1. Cinco días después el directorio del periódico lo encabezan R. E. Vda. de Moreno, Editora propietaria; G.E.Moreno, Gerente; Elías E. Moreno, Solicitador y Colector.

15 Para mayores datos biográficos y literarios sobre éste y otros poetas sonorenses aquí mencionados consúltese Vidal, Alonso *Poesía Sonorense contemporánea 1930-1985*.

16 La radiodifusión hispana en el área se inicia en los años treintas y aparte de musicales transmitía novelas y obras de teatro en español. Sheridan, Thomas. Op. Cit. Pp. 202-4

17 Migueles, Armando. *Antología Histórica del Cuento Literario Chicano (1877-1950)*. P 13. Tomo 1.

18 Sheridan, Thomas. Op. Cit. P. 93.

[19] Migueles, Armando, Op. Cit. P. 4,
[20] Sheridan, Thomas. Op. Cit. Pp.85-93.
[21] "Para lograr la victoria más pronto, compren bonos y estampillas de guerra de los EEUU". *El Tucsonense*. Abril 7 de 1944.
[22] Además de la nota contra el comunismo ya citada, consúltese Sheridan, Thomas, Op. Cit. P 93, así como cualquier edición del periódico donde queda evidente su tendencia y línea ideológica.
[23] Remítase a las últimas ediciones de *El Tucsonense* donde aparecen anuncios y editoriales desesperados buscando apoyo y publicidad: En las del 2, 9, 12 y 16 de diciembre. checar año de 1952.
[24] Sheridan, Thomas. Op. cit. Pp. 52-3.
[25] Revista *CAMBIO!. Hispanic Bilingual Magazine*. Vol 1. Num. 17. Pag. 3. Phoenix, AZ. Abril 29, 1989.
[26] Sheridan, Thomas, op. cit. p 47.
[27] Sheridan, Thomas. Op. Cit. P. 37.
[28] Huidobro, Vicente. *Obras Completas de Vicente Huidobro*. P 19.
[29] Los dominados reciben influencia de los dominantes en un proceso lento de aculturización. Montaño Aragón, Mario.Op. Cit. Pp. 224-5.

APÉNDICES Y BIBLIOGRAFÍA

APÉNDICE I

POEMAS REPRESENTATIVOS DE LA RESISTENCIA

I. A SONORA, MÉXICO E IBEROAMÉRICA

1. POETAS Y TEMAS SONORENSES
"La Mujer de Sonora". Anónimo. 12 de nov. 1921. P 5.
"La Universidad de Hermosillo". Dr. Fred Valles. 31 de oct.1941.

Alfonso Iberri
"Hacia el Ideal". 22 de mayo 1915. P 2.
"Letanía de Pasión. 5 de enero 1922. P 5
"Letanía de Pasión". 18 de feb. 1922. P 7
"Señor Don Quijote". 5 de agosto 1926. P 2.

R.A.H.
"Las Bellas de Hermosillo". 22 de julio 1922. P 3.

Enrique Quijada
"La Rubia". 9 de sep. 1922. P 3

F.R. Aguayo
"A...". 9 de sep. 1922. P 3.

General J.G. Carbó
"A Sonora". 23 de sep. 1922. P 3.

Eloiza Díaz Velasco
"Vaticinio". 21 de abril 1923. P 6.
"Medallón Antiguo". 26 abril 1923. P 2.

Leopoldo Ramos
"A las Mujeres Mexicanas". 22 de sep. 1925. P 3.

Alvaro Obregón
"Fuegos Fatuos". 7 de agosto 1928. P 4.

Vicente Grijalva
"Ave María". 24 de nov. 1950. P 2

Saturnino Campoy
"Así Pasó". 8 de junio 1951. P 4.

Armida de la Vara y Robles
"Similitud". 21 de dic. 1951. P 6.

Bartolomé Delgado de León
"Padre Nuestro"(fragmento). 6 oct. 1953. P 4.

2. ORGULLO CULTURA MEXICANA.

"No me Rindo". José Castelán. 10 de julio 1915. P 2.
"Soy Mexicano". E. Maqueo. 2 de nov. 1918. P 3.
"No era de la Raza". Anónimo. 24 de feb. 1921. P 5.
"Al Sr. Dr. Federico Valles". José Díaz López. 16 de enero 1940. P 4.
"Nobleza Obliga". José Díaz López. 27 de agosto 1946. P 3.
"En Tierra Mexicana".Manuel Rocha y Chabre. 9 de junio 1920. P 6.
"Flores y...Flores". Laura Galaviz. 2 de agosto 1924. P 2.
"Lluvia de Estrellas". José Castelán. 3 de abril 1930. P 3.
"La Cuna Mexicana". Anónimo. 22 de sep. 1942. P 4.

MUJER MEXICANA

"La Sementera". Anónimo. 23 de abril 1921. P 3
"Porteña". T. Santos Dueñas. 10 de junio 1922. P 5.
"A mi Ciriaca". Anónimo. 22 de agosto 1925. P 5.
"Carmelita". José Goubourgell. 23 de feb. 1928. P 5.
"Cuandos Seas Reina". Amarno. 16 de sep. 1941. P 3.

PERSONAJES Y LUGARES TÍPICOS

"El Labriego". Anónimo. 23 de abril 1921. P 3.
"El Charro". Javier Sorondo. 21 de oct. 1922. P 5.
"El Charro Mexicano". Anónimo. 4 de mayo 1926. P 6.
"El Merolico". Anónimo. 29 de julio 1926. P 5.
"Teoculhuacan". Fred Valles. 16 de sep. 1941. P 6.
"A Chapala". María C. Yoldi. 14 de nov. 1941. P 3.
"A Mazatlán". Dr. J.G. López Plascencia. 22 de agosto, 2 y 5 de sep. 1952. P 2, P 3 y P 3.

FESTIVIDADES, TRADICIONES Y SÍMBOLOS MEXICANOS

"La Soldadera". M. Larrañaga Portugal. 15 marzo 1919. P 3
"La Siembra". Anónimo. 23 de abril 1921. P 3.
"A la Muerte". José Rosas Moreno. 24 de nov. 1923. P 5.
"Calaveras...de Todo". Tito Melchona. 23 de nov. 1945. P 6.
"Jarabe Tapatío". Anónimo. 26 de abril 1949. P 4.
"Calaveras Mexicanas". Anónimo. 4 de nov. 1949. Pp 4?6.
"La Marimba". ?. 13 de oct. 1950. P 2. (?)

MORALISTAS PEDAGÓGICOS

"Club Latino". "Moralidad y Cultura". José Castelán. 17 de mayo 1924. P 7.
"Sigue". Manuel J. López. 26 de julio 1924. P 6.
"¡Trabaja!". Anónimo. 15 de marzo 1930. P 3. 3ra. Secc.
"La Honra". José Castelán. 3 de dic. 1932. P 3.
"No Hay Vergüenza". José J. Castelán. 8 de dic. 1932. P 2
"Consejo". Dr. Valles. 10 de feb. 1942. P 2.
"El Matrimonio de Conveniencia". Alfonso Carrillo. 17 de julio 1942. P 4.
"Caminos del Sur". Dr. F. Valles. 13 de abril 1943. P 4.
"Los Aspirantes". F. Valles. 11 de mayo 1943. P 3.

SÁTIRA Y HUMOR MEXICANO

"Telegrama del Otro Mundo". Por "Un Poeta Sinaloense". 3 de nov. 1928. P 2.

"Arruyos a los Candidatos Mexicanos".Anónimo.2 de marzo 1929.P 2.

"A Ortiz Rubio". José J. Castelán. 5 de dic. l929. P 1

"El Eterno Tropezón". Noriega López. 10 de nov. 1932. P 3.

"Letanía del Padre Críspulo". "Para librarse de la plaga de candidatos "no gratos".Anónimo. 27 de feb. 1940. P 1.

"Travesuras de Cupido". José Castelán. 4 de junio 1931. P 2.

"Los Perros, Los Borrachos y Los Léperos". José Castelán. 9 de agosto l930. P 2.

"El Gran Baile"(anuncio). Anónimo. 23 de abril l932. P 2.

"Justicia Divina". José Castelán. 22 de nov. 1932. P 2.

CANCIONES, DICHOS Y REFRANES.

"La Casita". 1 de abril 1924. P 2.

"Refranes". 18 de julio 1925. P 3.

"Mi Cantón". 15 de oct. 1925. P 3.

"Guadalajara". 8 de mayo 1945. P 10.

"Píntame Angelitos Negros". 27 de nov. 1945. P 4.

"Dichos"(mexicanos). 27 de mayo 1949. P 2.?

"Amorcito Corazón". 29 de nov. 1949. P 4

"Quinto Patio". 17 oct. 1950. P 4.

"Fraseologías con Frases Indígenas"."Colaboración de la Federación de Agrupaciones Cívicas Pro México.20 de dic.1957.P 2.

3.-PANAMERICANISMO, "DESCUBRIMIENTO" E HISPANIDAD

"Tierra...". Trinidad Aldrich. 11 oct. 1923. P 1.

"Día Panamericano". Dr. F. Valles. 9 oct. l942. P 4.

"La Epopeya". Xavier Pérez Verdia. 9 marzo 1943. P 4.

"Viaje Panamericano". F. Valles. 13 de abril l943. P 4.

"Día Panamericano". Federico Valles. 19 de abril 1946. P 5.

"Libertad". Dr. F. Valles. 17 de junio 1947. P 4.

"Día Panamericano Ayer-Hoy-Mañana". Fred Valles.12 de abril 1949. P 4.

"Nuestro Hombre". Dr. Fred Valles. 16 agosto l949. P 2.

"Muy Rendido Homenaje a Colón y Cervantes en el 462 Aniversario".

Dr. F. Valles. 12 de oct. 1954. P 1.
"La Reina del Pago". Omir Zeid. 3 de junio 1922. P 3.
"Bolívar". Tomás Ignacio Otentini. 6 de feb. 1923. P 2
"Tríptico". "Soy Español" de Enrique de Alarcón. "Soy Cubano" de Manuel S. Pichardo. "Soy Mexicano" de Manuel Carpio. 6 de feb. 1926. P 2.
"España y sus Hijas". "Copia de la Revista Católica". 12 de junio 1926. P 6.
"Salve Oh Patria". A. Guzmán. 14 de sep. 1929. P 3.
"Poemas Trozos de Himnos Nacionales de Este Continente"."Que Revelan Todos ellos un Acendrado Patriotismo".4 de mayo 1948.P 3.
"Hora Lírica Cubana". Fred Valles. 28 de enero 1949. P 2.
"Al Vale José María Martí". Dr. F. Valles. 4 feb.1949. P 2.
"El Cóndor". Anónimo. 3 de junio 1949. P 2.
"Otros Caballos". F. Valles. 28 de oct. 1949. P 3
"El Ruiseñor y la Rosa".Facundo Bernal Rosas.21 de dic. 1951. P 3.

II. POESÍA DE CONTENIDO Y PROTESTA SOCIAL

1. SINDICALISMO Y DENUNCIA

"En su primer Año de Lucha". Arts Verba. 23 de enero 1918.P 2.
"Pobre México". Rafael de Burgos. 30 de nov. 1918. P 2.
"En Días de Esclavitud(fragmento)". Juan Clemente Zenea. 23 de agosto 1919. P 2.
"Discurso en Rima". Demetrio Amado. 11 de dic. 1920. P 2.
"A los Imbéciles". José Castelán. 10 de mayo 1924. P 3.
"La Unión". Anónimo. 9 de abril 1927. P 5.
"Oblación". M Brioso Y Candiani. 14 de sep. 1927. "Magazine Especial". S/P.
"Cosas del Día". Anónimo. 15 de nov. 1927. P 3.
"El Papelero". Anónimo. 28 de feb. 1928. P 3.
"Los Imbéciles. José Castelán. 9 de agosto 1930. P 2.
"Poesía Política". Demetrio Amado. 13 de seo. 1932. P 2.
"Su Majestad la Crisis". J. L. Ojeda. 9 de enero 1934. P 2.
"Serranía India". Fred Valles. 3 de abril 1942. P 3.
"La Internacional". Himno. 5 de mayo 1944. P 5.

2. PACIFISMO Y CRISIS MUNDIAL

"1915-1916". Miguel R. Paz. 1 de enero 1916. P 1.
"1931". Homs. 1 de enero 1931. P 2.
"¿Ciencia y Retroceso?". José Díaz López. P 2.
"Ave Mercaderes". José Díaz López. 19 de sep. 1939. P 4
"¿Vivir para Ver?". José Díaz López. 31 de oct. 1939. P 4.
"¿Dios no lo Quiera?". José Díaz López. 14 de nov. 1939. P 4.
"De Oportunidad". José Díaz López. 15 de dic. 1939. P 4.
"Voz Populo Voz Dei". José Díaz López. 29 de dic. 1939. P 2.
"Ave Martírez". José Díaz López. 30 de enero 1940. P 4.
"El Dios de Esta Guerra". José Díaz López. 27 de feb. 1940. P 4.
"Radiograma". José Díaz López. 21 de mayo 1940. P 4.
"Modernismo". José Díaz López. 16 de julio 1940. P 4.
"Anda...a matar a tus Hermanos". Rafaela Camacho Ramírez. 22 de oct. 1940. P 4.
"Sordos a la Propaganda". José Díaz López. 31 de marzo 1942. P 4.
"El Tiempo lo Dirá". José Díaz López. 1 de mayo 1942. P 3.
"Balance del Año 1942". F. Valles. 22 de dic. 1942. P 3.
"Tópicos". José Díaz López. 5 de enero 1943. P 4.

III. DEL INMORTAL PATRIOTISMO Y LAS FECHAS GLORIOSAS

1. BATALLA DEL 5 DE MAYO

"Cinco de Mayo". Josefina Munguía. 3 de mayo 1916. P 2.
"Cinco de Mayo". Anónimo. 4 de mayo 1929. P 4.
"Cinco de Mayo". Anónimo. 3 de mayo 1930. P 2.
"El Cinco de Mayo de 1862.". Dr. Arego. 5 de mayo 1933. P 2.
"Cinco de Mayo de 1941". Carmen Celia Beltrán. 2 de mayo 1941. P 1.
"Cinco de Mayo". Fred Valles. 5 de mayo 1942. P 1.
"Cinco de Mayo". Fred Valles. 4 de mayo 1943. P 1.
"1862-5 de Mayo-1944". Fred Valles. 5 de mayo 1944. P 2.
"Cinco de Mayo". Federico Valles. 4 de mayo 1945. P 2.
"5 de Mayo". Federico Valles. 3 de mayo 1946. P 2.

"Cinco de Mayo". F. Valles. 4 de mayo 1948. P 1.
"El Cinco de Mayo Mexicano". F. Valles. 9 de mayo 1950. P 2.
"El Cinco de Mayo Mexicano". F. Valles. 2 de mayo 1952. P 1.
"El Cinco de Mayo Mexicano". F. Valles. 8 de mayo 1955. P 1.

2. A LA INDEPENDENCIA.

"Señorita Rosaura Carrillo. Himno a la Reina de las Fiestas del Centenario".Salvador E. Portillo. 15 de sep. 1921.Secc. Esp.P 3.
"16 de Septiembre". Jose M. Bustillos. 16 de sep. 1922. P 3.
"Al 16 de Septiembre". Anónimo. 16 de sep. 1926. P 3.
"16 de Septiembre". Mariano Viezca Arispe. 14 de sep. 1929. P 3.
"Jirón de Gloria". Fred Valles. 26 de sep. 1941. P 4.
"16 de Septiembre". Fred Valles. 30 de sep. 1941. P 4.
"16 de Septiembre 1947". Fred Valles. 16 de sep. 1947. P 6.
"En el 138 Aniversario de la Independencia Mexicana". Federico Valles. 14 de sep.1948. P 3.
"15 de Septiembre, el Grito de Dolores". Anónimo. 13 de sep.1949. P 2.
"139 aniversario de la Independencia de México". Fred. Valles. 16 de sep.1949. P 1.
"Aniversario Patrio". F. Valles. 12 de sep. 1952. P 1.
"143 Aniversario de la Independencia Mexicana". F. Valles. 15 de sep. 1953. P 1.
"Independencia de México 1810-1954". F. Valles. 14 de sep. 1954. P 1.
"16 de Septiembre de 1955". F. Valles. 16 de sep. 1955. P 1.

3.CANTO A LOS HEROES

"Poema a Juárez". Francisco Linares Serna. 18 de julio 1917. P 1.
"Canto a los Heroes". Leopoldo Naranjo. 14 sep. 1929. P 2.
"Al Inmortal Juarez". José Castelán. 17 de julio 1930. P 3.
"Hidalgo en el Desierto". R. Rivera. 13 de sep. 1930. P 1.
"Hidalgo". Manuel Flores. 13 sep. 1930. P 3.
"La Tea del Pipila". Aureliano Ramos. 16 de sep. 1930. P 3.
"A Hidalgo". Jose Castelán. 18 de sep. 1930. P 4.
"El General Ignacio Zaragoza". Dr. Arego. 5 de mayo 1933. P 2.
"A Miguel Hidalgo". Fred Valles. 14 de sep. 1943. P 2.
"Al General Don Ignacio Zaragoza, el 5 de Mayo!". Francisco S. Gallego. 5 de mayo 1944. P 2.

"Mártires de la Patria Mexicana". Anónimo. 5 de mayo 1944. P 5.

"Acróstico. Al Libertador Don Miguel Hidalgo y Costilla". Francisco S. Gallegos. 15 de sep. 1944. P 2.

"Viva Hidalgo". Beatriz Palomares de Fuoco. 17 de sep. 1948. P 2.

"El General Don Ignacio Zaragoza, Héroe de la Batalla del 5 de Mayo". F. Valles. 4 de mayo 1951. P 1.

"General Ignacio Zaragoza". Valles. 4 de mayo 1956. P 7.

4. PATRIÓTICOS

"A la Patria". Juan Castro. 24 de abril 1915. P 2

"Lloro con mi Patria". Miguel R. Paz. 9 sep. 1915. P 2.

"Amor Patrio". Alberto Risco. 15 sep. 1925. P 6.

"Amor Patrio". Alberto Risco S.J. 29 julio 1926. P 3.

"Patria Mía". Rafael Sanches Escobar. 14 sep. 1929. P 3.

"¡Salve Oh Patria!". A. Guzmán Aguilera. 14 sep. 1929. P 3. 3ra. Sección.

" Que es la Patria?". V. Aguilera. 13 sep. 1930. P 1.

5. LÁBARO PATRIO

"Tras la Bandera". Manuel Briseño. 8 de enero 1920. P 6.

"Símbolo Tricolor". Severo Amador. 23 sep. 1922. P 4.

"La Bandera Mexicana". Rodolfo Menéndez. 15 de sep. 1928. P 3.

"Día de la Bandera Mexicana". Fred Valles. 25 de feb. 1949. P 4.

"La Bandera Mexicana". F. Valles. 28 de feb. 1950. P 2.

6. HIMNOS.

"Himno Nacional Mexicano". 15 de sep. 1921. Edic. Esp. P 7.

"Himno Nacional Mexicano". 3 de mayo. 1946. P 8.

"Himno Nacional Mexicano". Edic. Esp. 15?16 de sep. 1946. P 3.

"Himno Nacional Mexicano". 13 de sep. 1949. P 3.

"Himno Nacional Mexicano". 5 de mayo 1950. P 3.

"Himno Nacional Mexicano". 15 de sep. 1950. P 5.

"Himno Nacional Mexicano". 4 de mayo. 1951. P 2.

"Himno Nacional Mexicano". 14 sep. 1951. P 6.

"Himno Nacional Mexicano". 13 sep. 1957. P 6.

IV. VIRGEN, NOSTALGIA POR EL PENDÓN TRICOLOR

1. LA NOSTALGIA, TRISTEZA Y SOLEDAD

"Adiós a México". P.N. Camacho. 15 de sep. 1915. P 2.

"Adiós a Mi Patria". Josefina Munguía. 10 de nov. 1915. P 2.

"Adiós a México". Por R. de B. 2 de agosto 1916. P 3.

"Adiós a México". Por R. de B. 13 de sep. 1916. P 3.

"Recuerdo a Colima". Sóstenes J. Jaramillo. 15 de feb. 1919. P 5.

"Mazatlán". M. Muzquiz Blanco. 21 de dic. 1922. P 5.

"Madre Lejana". Celia Beltán. 16 de sep. 1941. P 1.

"Nostalgias". L. Labrador C.M.F. 24 de julio 1942. P 3.

"La Golondrina". Anónimo. 14 de dic. 1956. P 7.

"Nublos". Fernando Celada. 9 de marzo 1918. P 4.

"Ausencia". José María Barrios de los Ríos. 12 de junio 1918. P 2.

"Presagios". Luís Rodríguez Cabrero. 15 de junio 1918. P 8.

"Solo". Ricardo J. Catarineu. 5 de marzo 1919. P 3.

"Excélsior". José María de Zabala-Juan Maragall. 3 de junio 1922. P 3.

"Noche". Angel Lázaro. 13 de dic. 1924. P 3.

"Ausente". María Ibarra. 21 de dic. 1929. P 4.

"Soledad". J. de la Torre Bueno. 16 de enero 1942. P 3.

"Recuerdo". María W. López. 23 de mayo 1916. P 4.

"Nada". Carlos Villafañe. 26 de feb. 1920. P 2.

"Resignado". Abel Gamiz. 27 de sep. 1924. P 3.

"La Canción del Olvido". Guillermo E. Esteva. 7 de junio 1927. P 5.

"En Mis Recuerdos". Carmen Celia Beltrán. 11 de nov. 1941. P 3.

"Recuerdos Gratos". Por F. 5 de enero 1943. P 4.

"Reminiscencias". Luis G. Montejano. 27 de marzo 1918. P 4.

"El Ave Errante". Por R.B. 8 de julio 1916. P 3.

"Separación". Luis Rivera. 12 de oct. 1920. P 6.

"Balance y Adiós". José Castelán. Agosto 1937. P 4.

2. A LA GUADALUPANA Y OTROS POEMAS RELIGIOSOS

"La Virgencita de Guadalupe". Rafael López. 11 de dic. 1915. P 3.

"A la Virgen de Guadalupe". Cor. Tomás O. Belade. 21 de junio 1916. P 3.

"A la Virgen de Guadalupe". Jesús Velázquez Cordero. 12 de dic. 1917. P 1.

"Himno a la Santísima Virgen de Guadalupe". Anónimo. 11 de dic. 1919. P 2.

"A la Virgen Dinamitada". Por "Un Mexicano". 10 de dic. 1921.P 4.

"Salve". José Castelán. 16 de agosto 1930. P 1.

"Virgen Guadalupana". Celia Beltrán. 18 de sep. 1942. P 4.

"A la Virgen de Guadalupe". Francisco S. Gallego. 22 de dic. 1942. P 3.

"María de Magdala". J. de la Torre Bueno. 16 de enero 1942. P 3.

"Rápida". JGV. 10 de julio 1915. P 3.

"A los Católicos Mexicanos". Rev. Tarcisio Mori, OFM. 6 de agosto 1927. P 3.

"Mis Tres Madres". Francisco S. Gallego. 28 de junio 1930. P 2.

"Aquella Ave María". Celia Beltrán. 10 de junio 1941. P 4.

"Noche de Año Nuevo". Dr. F. Valles. 9 de enero 1942. P 4.

"Invocación". Celia Beltrán. 5 de enero 1943. P 4.

"Mañanitas Guadalupanas". Anónimo. 10 de dic. 1954. P 1.

"Mañanitas Guadalupanas". Anónimo. 6 de dic. 1957. P 4.

3. A LA MADRECITA Y LA FAMILIA

"Murió Mi Madre". M.M. Domínguez. 21 de agosto 1915. P 2.

"El Beso en Sueños". Néstor Rubio Alpuche. 9 oct. 1915. P 2.

"Mi Madre y Yo". Pedro Ponce de León. 15 de julio 1922. P 3.

"Las Madres". José Castelán. 29 dic. 1923. P 2.

"Invocación a Mi Madre". José García Roel. 9 agosto 1924. P 2.

"¡Señor! Vela por Ella". Carlos Alberto Herrera G. P 24. Edición de aniversario.

"Dios y Madre". "Autor Desconocido". 16 de mayo 1929. P 3.

"Madre". Paz M. de León. 3 de abril 1930. P 3.

"Ella". Alfredo Gómez Jaime. 10 de mayo 1930. P 1.

"La Madre con su Amor es Siempre Viva". Anónimo. 10 de mayo 1930. P 2.

"Madre". "Por. R.". 10 de mayo 1930. P 2.

"A mi Madre". Amalia Ramírez. 9 de mayo 1931. P 2.

"Madre Mía". Laura Caro. 18 de julio 1933. P 2.

"A mi Madre". Rito Reyes. 11 de mayo 1934. P 2.

"Qué es la Madre". E.P. Muñón. 11 de mayo 1934. P 2.

"In Memoriam". Laura Caro de Pérez. 26 de junio 1934. P 2.

"Día de la Madre". Juan García Jiménez. 10 de mayo 1940. P 4.

"A mi Madre". Evangelina Cranz. 14 de mayo 1940. P 4.

"Madre Mía". Celia Beltrán. 22 de dic. 1942. P 3.

"La Ausencia". F. Valles. 26 de marzo 1943. P 4.

"En el Día de la Madre "Madre y Amor". Eduardo Velázquez. 10 de mayo 1946. P 1.

"Madre Mía". Eduardo Velázquez. 7 de mayo 1948. P 4.

"A la Madre en su Día". Anónimo. 10 de mayo 1949. P 2.

"A la Madre en su Día". F. Valles. 12 de mayo 1950. P 1.

"A la Madre en su Celebración Anual". F. Valles. 11 de mayo 1951. P 1.

"A la Madre en su Día". F. Valles. 9 de mayo 1952. P 2.

"Mi Regalo". Don Miguel Estévez Juárez. 11 de julio 1952. P 4.

"Canto Sublime a la Madre". Guillermo Campos. 6 de mayo 1955. P 1.

"Mi Padre". Rodrigo Gamio. 21 oct. 1922. P 5.

"A los Padres". José Ma. Gabriel y Galán. 20 nov. 1926. P 6.

"Mi Más Grande Amor! Mis Hijas!". Amparo Carrillo. 17 de mayo 1940. P 4.

"Mi Padre". Anónimo. 18 de junio 1948. P 3.

4. LA AMISTAD Y CONVIVENCIA DE LA RAZA.

"Poema Dedicado a Miguel R. Paz". Pedro Moreno. 26 de mayo 1915. P. 2

"Al Sr. General A.B. Piña". José Castelán. 11 de marzo 1930. P 2.

"Brigidita, Dónde Estás? Dónde te has ido?". Galeota. 17 dic. 1931. P 3.

"Saludo de Bienvenida"."Al Sr. Cónsul Raúl G. Domínguez" F. Valles. 25 de julio 1941. P 4.

"A Carmen Celia Beltrán". Dr. Fénix. 16 de sep. 1941. P 6.

"A Toñita I". Federico Valles. 23 de sep. 1941. P 4.

"A la Niña Rebeca Reyes". F. Valles. 23 de sep. 1941. P 4.

"Gloria de la Raza". F. Valles. 26 de dic. 1941. P 4.

"Al Excelentísimo Señor Manuel Avila Camacho". Anónimo. Edic. Esp. 20 de feb. 1942. P 24.

"En su Confirmación. Fred Valles. 10 de marzo 1942. P 4.

"A la Señorita Camila Anderson". Fred Valles. 7 de abril 1942. P 4.

"En su Matrimonio". Carmen Celia Beltrán. 28 de abril 1942. P 4.

"A la Sra. Juanita L. de Rodríguez en el Día de su Santo". Fred. Valles. 23 de junio 1942. P 4.

"La Corte de Honor". F. Valles. 15 de sep. 1942. P 6.

"Al Genial Pianista Sr. Claudio Arrau". F. Valles. 16 de abril 1943. P 4.

"A su Majestad Teresa Primera". Federico Valles. 24 de sep. 1946. P 2.

"Al Sr. Aurelio L. García". Fred Valles. 11 de abril 1952. P 1.

"Al Sr. Genaro S. Manso". F. Valles. 16 de dic. 1952. P 1.

5. EL ÉXITO DE SOCIEDADES Y ORGANISMOS HISPANOS

"Acróstico a la H. Sociedad". José Castelán. 18 de enero 1930. P 5.

"El Chismoso". José Castelán. 16 de julio 1931. P 4. Felicita a un nuevo periódico así llamado.

"Himno Escolar". Brígido Caro. 6 de feb. 1932. P 2.

"Noche de Aniversario"-Alianza Hispanoamericana. Fred Valles. 17 de feb. 1933. P 2.

"A la Sociedad Mutualista Porfirio Díaz, Logia # 1 de Tempe, Arizona". María R. Andrade. 4 de marzo 1941. P 4.

"Acróstico para El Tucsonense." Manuel F. Guerra. 3 de oct 1941. P 1.

"A la Logia Fundadora de la AHA". Fred. Valles. 19 de enero 1943. P 4.

"A la Casa Jácome". Anónimo. 15 de mayo 1946. P 1.

"En el Quinto Aniversario del Salón Casino Ballroom". Fred Valles. 16 de sep. 1952. P 1.

V. BELLEZA DE LA LENGUA Y TRANSCULTURIZACIÓN

1. AL IDIOMA Y CULTURA HISPANA

"Jugar con los Nombres". Anónimo. 25 de junio 1925. P 3.

"La Copa Andaluza". Gloria de la Prada. 24 de oct. 1925. P 4.

"Elévate". S.J. Lemas. 17 de marzo 1931. P 2.

"Está en su Casa". Chantecler. 25 de junio 1931. P 2.

"Los Colores Amigo Mío". Por F. 14 de abril 1942. P 4.

"Flecos de Seda". Valles. 23 de dic. 1949. P 6.

"El Color Rojo en España". Valles. 28 de abril 1950. P 2.

"Al Bardo, Don Pedro Calderón de la Barca". Valles. 14 de nov. 1950. P 2.

"Aporte Femenino Hispano". ? 12 de oct. 1951. P 4. ?

"La Duquesa y Goya". Fred Valles. 27 de nov. 1953. P 1.

"Jota Aragonesa". Anónimo. 14 de dic. 1956. P 7.

2. JUEGOS VERBALES Y HABILIDAD TÉCNICA

"¿Por qué no me escribes?". Maren. 5 de abril 1927. P 2.

"Los Sastres". José Castelán. 28 de marzo 1931. P 3.

"Eres Tú". De F. V. 28 de feb. 1933. P 2.

"Volaron a tu Cielo". F.V. 3 de marzo 1933. P 2.
"Do Va Nuestro Cultivo". De F.V. 7 de marzo 1933. P 2.
"Trabalenguas". Anónimo. 10 de marzo 1942. P 4.
"La Gramática y el Amor". Por "El Interesado". 12 de abril 1927. P 2.
"A un Enemigo de las Mujeres que no Puede Vivir sin Ellas". Fray Sinreb.
    4 de feb. 1930. P 5.
"Boberías". Anónimo. 24 de julio 1930. P 6.

3. LA MEZCLA LINGÜÍSTICA. SPANGLISH

"Fantasía". Elvira Yáñez de Escutia. 10 de marzo 1917. P 2.
"Remember". Benjamín Pizarro. 12 de feb. 1919. P 5.
"American Love". A. Rubber Neck. 6 de dic. 1921. P 5.
"El Base Ball". Mariano Ramiro. 1 de nov. 1924. P 2.
"La Pluma, la Mano y la Cabeza". Manuel de Palacio. 30 de dic. 1924. P 6.
"Qué Barbaridad". El Abate Benigno. 2 de mayo 1925. P 5. 2da Secc.
"Versos Jocosos". Delia. 9 de feb. 1926. P 5.
"A Propósito de Rodeos y Jaripeos". Sóstenes Cumplido. 17 de feb. 1931. P 4.
"A una Amiga". Por El Chapo de Tucson. 30 de julio 1940. P 2.

APÉNDICE II
POETAS CONSAGRADOS

MEXICANOS

Amado Nervo(25) (*)
Luis. G. Urbina(14)
Juan de Dios Peza(11)
Enrique González Martínez(9)
Salvador Díaz Mirón(7)
Manuel M. Flores(5)
Manuel Gutiérrez Nájera(4)
Manuel José Othón(3)
Sor Juana Inés de la Cruz(3)
Justo Sierra(2)
Manuel Acuña(2)
Rubén C. Navarro(2)
Julio Flores(2)????
Juan José Tablada(2)

IBEROAMERICANOS

Rubén Darío(14)
José Santos Chocano(13)
Gabriela Mistral(10)
Leopoldo Lugones(8)
Salvador Rueda(5)
Campoamor(5)
Alfonsina Storni(5)
Juana de Ibarbouruo(4)
Ricardo Rojas(4)
Lope de Vega (4)
Jorge Isaac (3)

José Carducci(2)

José Ingenieros (2)

Gustavo Adolfo Bécker(2)

Juan Ramón Jiménez(2)

Jacinto Verdaguer(2)

Santa Teresa de Jesús(2)

DE OTRAS LENGUAS Y CULTURAS

Víctor Hugo(5)

Byron(1)

Emerson (1)

Rabindranah Tagore (1)

Oscar Wilde (1)

Leon Tolstoy (1)

Benjamín Franklin (1)

Baudelaire(1)

Giovanni Papini (1)

Petrarca (1)

(*) Los números indican la cantidad de poemas del autor respectivo transcritos por el periódico durante su existencia. Se hizo un esfuerzo por ser lo más exacto posible ya que la frecuencia da una idea de las preferencias estético literarias de los editores y su papel en la resistencia cultural

BIBLIOGRAFÍA Y OBRAS CONSULTADAS

Alarcón, Justo S. Editor. *La Palabra*. Revista de Literatura Chicana. Alta Pimería Pro-Arte y Cultura, A.C. México, 1988. Vol 6 y 7. Números 1 y 2.

Acuña, Rodolfo. *América Ocupada*. Ed. Era. México, D.F. 1976.

Acuña, Rodolfo. *Occupied America*. Harper & Row. New York, 1972.

Ciencia Literaria. Departamento de Humanidades. Literaturas Hispánicas. Hermosillo. Junio 1986-Agosto 1987. Números 4 y 5.

Huidobro, Vicente. *Obras Completas de Vicente Huidobro*. Prólogo de Braulio Arenas. Edit. Zig-Zag. Santiago de Chile. 1964.

Jiménez, Francisco; Edited by. *The Identification and Analysis of Chicano Literature*. Bilingual Press/Editorial Bilingüe. New York. USA. 1979.

López y Rivas, Gilberto. *La Guerra del 47 y la Resistencia Popular a la Ocupación*. Ed. Nuestro Tiempo. México, D.F. 1976

Luna, Francisco. *Tres de asada y uno de machaca pa'llevar*. Departamento de Humanidades de la Universidad de Sonora. Hermosillo, Sonora, México.1989.

Memmi, Albert. *The colonizer and the colonized*. The Orion Press. New York, USA. 1965.

Memoria del IX Coloquio de Análisis de la Literatura Regional. Departamento de Humanidades. Universidad de Sonora. Hermosillo, Sonora, México. 1988.

Miguélez, Armando. *Antología Histórica del Cuento Literario Chicano (1877-1950)*. Disertación para obtener grado de Doctor en Filosofía. Arizona State University. Tempe, Mayo 1981. Vol.I y II.

Monsiváis, Carlos. Prólogo de. Maciel, David R. Compilador. *La otra cara de México: El Pueblo Chicano.* Ed. El Caballito. México,D.F. 1977.

Montaño Aragón, Mario. *Antropología Cultural Boliviana.* Escuela de Artes Gráficas del Colegio Don Bosco. La Paz, Bolivia. 1987.

Moquin, Wayne with Van Doren, Charles; editors. *A Documentary History of the Mexican-Americans.* Praeger Publishers. New York, USA. 1971.

Puccini, Darío. *Romancero de la resistencia española.* Ed. Era. México, D.F. 1967.

Rivadeneira Prada, Raúl. *Resistencia y Coexistencia.* Ed. Gisbert. La Paz, Bolivia. 1982.

Sheridan, Thomas E. *Los Tucsonenses.* The Mexican Community in Tucson 1854-1941.The University of Arizona Press. Tucson, AZ. USA. 1986.

Sheridan, Thomas E. *Del Rancho al Barrio.* The Arizona Historical Society. Tucson, AZ. USA. 1983.

Varios. *Frontier Tucson.* The Arizona Historical Society. Tucson, AZ. USA. 1987

Varios. *Historia General de Sonora.* Tomo III. Ed. Gobierno del Estado de Sonora. Hermosillo, 1985.

Villanueva, Tino(Compilador).*Chicanos: Antología histórica y literaria.* Fondo de Cultura Económica. México, D.F. 1980.

Mi letra no es en inglés
Se terminó de imprimir en noviembre de 2003. El cuidado de la edición estuvo a cargo del autor y de Gabriel Higuera, asistente general de *Editorial Orbis Press*

To order this book for academic institutions and bookstores please contact/
Para ordenar este libro con fines académicos y venta en librerías contacte:

Oficinas Centrales e Imprenta Digital
Editorial Orbis Press
414 W. Flower St.
Phoenix, Arizona 85013
USA
Phone/Tel. (602) 264-5011
Fax (602) 604-8179
editor@orbispress.com
www.orbispress.com

Tiraje: 1,000 ejemplares

Oficinas en México:
General Pedro Anaya # 20,
Colonia La Huerta
Hermosillo, Sonora 83200
Tel. (662) 285-1080